Le Dhammapada

Kinh Pháp Cú

Ngô Nhơn Hậu

iUniverse, Inc.
Bloomington

Le Dhammapada
Kinh Pháp Cú

iUniverse books may be ordered through booksellers or by contacting:

iUniverse
1663 Liberty Drive
Bloomington, IN 47403
www.iuniverse.com
1-800-Authors (1-800-288-4677)

ISBN: 978-1-4759-3550-9 (sc)
ISBN: 978-1-4759-3551-6 (e)

Printed in the United States of America

iUniverse rev. date: 11/01/2012

Que les fonds recueillis par l'apport
de mes efforts soient entièrement utilisés
pour aider les moines Tibétains infortunés.

Table des matières

Lettre du traducteur

Traduire un manuscrit sacré est un travail scabreux. La difficulté n'est point dans la technique du style mais elle réside dans une muette implication spirituelle, car une minime erreur d'interprétation de la pensée du Bouddha entraînerait aussitôt le délinquant en enfer....

Sachant que cette tâche est lourde de conséquences, je n'osais point entreprendre la réalisation de cet ouvrage à la légère.

Mais il faut aussi avouer que la chance jouait comme un catalyseur essentiel à l'éveil de mes enthousiasmes . En effet ce document, je l'ai découvert par pure coïncidence, traduit du Pali en viêtnamien par le révérend Liễu-Tham et remanié par le révérend Trí-Đức (1959) et, c'est avec une joie immense que je me suis appliqué à le retraduire en français.

Mes efforts ont été encouragés par maintes personnes, particulièrement par mes deux grands amis le Docteur Georges Brachfeld et Mme. Danielle Thouati qui m'ont guidé pendant plus de vingt ans et qui m'ont accompagné dans différents travaux jusqu'à l'achèvement de celui-ci. Il va sans dire que ce livre leur est dédié en totalité pour les remercier de leur sagesse et de leur grande patience.

Je remercie Mme Lê Trâm Anh pour son aide technique à la réalisation de l'ouvrage, aux membres de ma grande famille, à ma fille Ngô Thùy Linh (Linh Su), à mes petits enfants Alexander et Evangeline Su ainsi qu'à plus d'une centaine de mes anciens professeurs de Jean Jacques Rousseau à Saïgon de 1948 à 1962, qui depuis mes très jeunes années des classes élémentaires m'ont couvert de leur chaleur et de leur amour pour faire en moi un homme utile à autrui.

Je souhaite que les enseignements de ce livre soient bénéfiques à tous et qu'ils enveloppent d'une lumière adoucissante toutes les personnes qui ont la chance comme moi de les avoir sous les yeux et de les appliquer dans le courant de leur existence.

Le bouddhisme est une philosophie centrée sur la notion de la conscience (Tâm pháp) car une fois illuminée, l'heureuse personne voit sa conscience se métamorphoser en lumière absolue (Đại viên cảnh trí). Elle est donc la plaque tournante dans la mutation de l'homme en saint. C'est pourquoi le Bouddha vise directement cette apothéose et essaie de nous la présenter en ces termes : (#01 #02)

« Parmi les phénomènes connus, la conscience est en tête ; elle est maître, elle enfante toutes les manifestations.... »

Puis, il déroule ses enseignements sur les cinq Kâma (#35 #36), les cinq attachements insalubres (#370), les cinq Indriya (#370), les troubles graves de ce monde et des paradis (#370).... et pour culminer en l'illumination, il fallait procéder à la contemplation de soi-même (#276 #362 #414), connaître et mettre en pratique les quatre immesurables qui sont : L'Amour-compassion (Từ-#05 #368 #223), la Miséricorde (Bi), la Joie (Hỷ-#249) et le Lâcher-prise (Xả-#353)...pour acquérir l'ultime connaissance, appelée Tathâgata-garbha (Phật-tánh).

Il est difficile de parvenir à la sainteté, mais le Bouddha nous avait révélé la voie qui y mène et qui s'appelle : Les quatre vérités saintes (#188 #217), les sept Sambôdhyanga (#89), le noble chemin octuple (#188 #192).

Le Bouddha nous montre le chemin pour que nous soyons aussi saints que lui ; il n'aidera personne, même si nous venons pleurnicher à ses pieds...

Bonne chance à tous et à toutes !...

Terminé à Houston, en ce mois de Septembre 2009,

Ngô Nhơn Hậu

Phẩm một :
Song yếu

Chapitre un :
Enseignements parallèles

1. Trong các pháp, tâm dẫn đầu; tâm là chủ,tâm tạo tất cả; nếu đem tâm ô-nhiễm tạo nghiệp nói năng hoặc hành-động, sự khổ sẽ theo nghiệp kéo đến như bánh xe lăn theo chân con vật kéo xe.

2. Trong các pháp, tâm dẫn đầu; tâm là chủ, tâm tạo tác tất cả; nếu đem tâm thanh-tịnh tạo nghiệp nói năng hoặc hành-động, sự vui sẽ theo nghiệp kéo đến như bóng theo hình.

3. "Người kia lăng-mạ tôi, đánh-đập tôi, phá-hại tôi và cướp-đoạt của tôi." Ai còn ôm ấp tâm-niệm ấy thì sự oán-giận không thể nào dứt hết.

4. "Người kia lăng-mạ tôi, đánh-đập tôi, phá-hại tôi và cướp-đoạt của tôi." Ai bỏ được tâm-niệm ấy thì sự oán giận tự nhiên san bằng.

5. Ở thế-gian này, chẳng phải hận-thù trừ được hận-thù; chỉ có từ-bi mới trừ được hận-thù. Đó là định-luật ngàn xưa.

1. Parmi les phénomènes* connus (voir Pháp), la conscience* est en tête , elle est maître ; elle enfante toutes les manifestations. Si nous parlons ou nous agissons avec un esprit malsain et pollué, la souffrance suivra les traces du karma telles les roues d'une charrette derrière son attelage.

2. Parmi les phénomènes* connus (voir Pháp), la conscience*est en tête , elle est maître ; elle enfante toutes les manifestations. Si nous parlons ou nous agissons avec un esprit pur et éthéré, le bonheur suivra les traces du karma telle l'ombre attachée à son image.

3. « Cet autre m'insulte, me bat, me nuit et me vole. » Quiconque garde encore ce concept, se cramponne solidement à ses pensées malveillantes.

4. « Cet autre m'insulte, me bat, me nuit et me vole. » Quiconque peut se défaire de ce concept, se détache tout bonnement de ses pensées malveillantes.

5. En ce monde, les représailles n'assouvissent pas les rancoeurs ; c'est l'amour – compassion et la miséricorde* qui le peuvent. C'est la loi sempiternelle.

6. Người kia vì không hiểu rằng : " Chúng ta sắp bị hủy-diệt (nên mới phí sức tranh-luận hơn thua); nếu họ hiểu rõ điều đó thì chẳng còn tranh-luận nữa.

7. Những người chỉ muốn sống trong khoái-lạc, không chịu nhiếp-hộ các căn, uống ăn vô độ, biếng nhác chẳng tinh cần; họ là người dễ bị ma nhiếp-phục như cành mềm trước cơn gió lốc.

8. Những người nguyện ở trong cảnh chẳng khoái -lạc, khôn khéo nhiếp-hộ các căn, uống ăn tiết -độ, vững tin và siêng-năng; ma không dễ gì thắng họ như gió thổi núi đá.

9. Mặc áo cà-sa mà không rời bỏ những điều uế -trược, không thành-thật khắc-kỷ,thà chẳng mặc còn hơn.

10. Rời bỏ những điều uế-trược, giữ gìn giới -luật tinh nghiêm, khắc-kỹ và chân-thành ; người như thế đáng mặc áo cà sa.

6. Cet autre ne comprend pas que « Nous allons tous, être condamnés, c'est pourquoi il s'acharne à lutter pour vaincre et accaparer. » S'il en est conscient, il ne s'embourbera pas dans de futiles discussions.

7. Ceux qui aiment vivre dans l'incontinence, qui se laissent aller à leurs plaisirs sensuels, à la gloutonnerie et à la paresse des pratiques de la bonne loi, sont la proie facile aux tentations négatives, telles les branches mortes exposées aux bourrasques.

8. Ceux qui observent la continence, qui se surveillent diligemment de leurs plaisirs sensuels, de la sobriété et de la foi dans leurs travaux, ne se courberont pas facilement devant les forces négatives. Ils sont tels d'énormes rochers, impassibles aux vents violents.

9. Le moine qui ne se défait pas de ses habitudes inconvenantes et qui ne contrôle pas honnêtement ses actions, est bien mieux vu sans son habit sacré.

10. La personne qui délaisse ses habitudes inconvenantes et qui se surveille honnêtement aux règlements et aux interdits, est en meilleure posture pour porter l'habit de moine.

11. Phi chơn tưởng là chơn-thật, chơn-thật lại thấy là phi chơn ; cứ tư-duy một cách tà vạy, người như thế không thể nào đạt đến chơn -thật.

12. Chơn-thật nghĩ là chơn-thật, phi chơn biết là phi chơn ; cứ tư-duy một cách đúng đắn, người như thế mau đạt đến chơn-thật.

13. Nhà lợp không kín ắt bị mưa dột thế nào, kẻ tâm không tu tất bị tham-dục lọt vào cũng thế.

14. Nhà khéo lợp kín ắt không bị mưa dột, kẻ tâm khéo tu tất không bị tham-dục lọt vào.

15. Ở cho này ăn-năn, tiếp ở chỗ khác cũng ăn -năn, kẻ làm điều ác-nghiệp, cả hai nơi đều ăn-năn; vì thấy ác-nghiệp mình gây ra, kẻ kia sinh ra ăn-năn và chết mòn.

11. Prendre le faux pour le vrai et le vrai pour le faux ; une vue si déformée des choses conduit l'homme vers les illogismes de la déraison.

12. Pouvoir accepter que le véridique est vrai et certifier que le factice est faux ; une telle juste pensée mène l'homme rapidement vers la vérité absolue.

13. Une conscience délaissée ou négligée se laissera guider par les attraits de la concupiscence, exactement comme suinte l'eau de pluie à travers les interstices d'une toiture mal entretenue.

14. Une toiture bien préservée ne laisserait pas passer l'eau, tout comme une personne qui se contrôle, ne laisserait pas manipuler par les exaltations de la concupiscence.

15. Ici-bas, cette personne cruelle se repent ; ailleurs elle adopte le même sentiment. Elle éprouve des remords où qu'elle soit, car une fois que se développe la conséquence finale de ses actes, elle ne fait que regretter ses méfaits avant de s'éteindre infailliblement.

16. Ở chỗ này vui, tiếp ở chỗ khác cũng vui, kẻ làm điều thiện-nghiệp, cả hai nơi đều an vui; vì thấy thiện-nghiệp của mình gây ra, người kia sinh ra an-lạc và cực-lạc.

17. Ở chổ này than buồn, tiếp ở chỗ khác cũng than buồn; kẻ gây điều ác-nghiệp, cả hai nơi đều than buồn; nghĩ rằng:"tôi đã tạo ác" vì vậy nên nó than buồn. Hơn nữa còn than buồn vì phải đọa vào cõi khổ.

18. Ở chỗ này hoan-hỷ, tiếp ở chỗ khác cũng hoan-hỷ, kẻ tu hành phước nghiệp, cả hai nơi đều hoan-hỷ; nghĩ rằng:"tôi đã tạo phước nghiệp" vì vậy nên nó hoan-hỷ, hơn nữa còn hoan-hỷ vì được sinh vào cõi lành.

19. Dù tụng nhiều kinh mà buông-lung, không thực-hành theo thì chẳng hưởng được phần ích-lợi của sa-môn, khác nào kẻ chăn bò chỉ lo đếm bò cho người khác (để lấy công, chứ sữa thịt của bò thì không hưởng được).

20. Tuy tụng ít kinh mà thường y-giáo hành-trì, hiểu biết chân-chánh, trừ diệt tham, sân, si; tâm hiền lành , thanh tịnh, giải thoát, xa bỏ thế-dục thì dù ở cõi này hay cõi khác, người kia vẫn hưởng được phần ích-lợi của sa-môn.

16. Ici- bas, cette personne bienveillante est heureuse. Ailleurs, elle l'est également. Elle trouve le bonheur partout et en tout temps, car lorsque ses bienfaits suscitent de bonnes retombées, elle nage dans le contentement de la totale sérénité.

17. Ici- bas, cette personne se plaint de la monotonie ; partout elle se lamente ; la personne cruelle s'apitoie toujours sur sa déplorable solitude. Elle pense aux conséquences de ses cruautés, c'est pourquoi elle est chagrinée. Elle s'afflige davantage lorsqu'elle se voit renaître dans des contrées lugubres.

18. Ici- bas, cette personne est heureuse. Elle éprouve de la béatitude partout où elle se trouve. La personne qui exerce la vertu de la bienveillance accède au bonheur grâce à ses libéralités ; c'est pourquoi elle est satisfaite et se réincarnera dans un monde de félicité.

19. Une personne qui psalmodie sans arrêt des sûtra* sans les appliquer dans la vie courante, ne tire pas avantage des mérites que possèdent les moines; elle est semblable à un gardien de moutons qui passe son temps à les compter pour le bénéfice des autres.

20. Une personne qui psalmodie seulement quelques sûtra* mais qui sait les appliquer correctement dans la vie courante, tout en annihilant les trois feux que sont la cupidité, l'agressivité et l'ignorance, une telle personne avec une conscience honnête, sereine et pouvant se libérer des plaisirs de ce monde, est un vrai moine en quelque endroit qu'il soit.

Phẩm hai :
Không buông-lung

Chapitre deux :
La continence

21. Không buông-lung đưa tới cõi bất tử, buông lung đưa tới đường tử sanh; người không buông-lung thì không chết, kẻ buông-lung thì sống như thây ma.

22. Kẻ trí biết chắc điều ấy, nên cố gắng làm chứ không buông-lung. Không buông-lung thì đặng an vui trong các cõi thánh.

23. Nhờ kiên-nhẫn , dõng-mãnh tu thiền-định và giải-thoát, kẻ trí được an-ổn, chứng nhập vô-thượng Niết-bàn.

24. Không buông-lung, cố-gắng hăng-hái chánh niệm, khắc-kỹ theo tịnh hạnh , sinh hoạt đúng như pháp, thì tiếng lành càng ngày càng tăng-trưởng.

25. Bằng sự cố-gắng, hăng-hái không buông-lung, tự khắc-chế lấy mình, kẻ trí tự tạo cho mình một hòn đảo chẳng có ngọn thủy triều nào nhận chìm được.

21. La continence mène l'homme vers l'immortalité du nirvâna ; le libertinage le pousse dans les tourbillons de la vie et de la mort. C'est ainsi que la personne continente échappe à la réincarnation, tandis que celle qui se livre à la débauche, vit comme un macchabée gesticulant.

22. Consciente de ce problème, la personne spirituelle évite le libertinage et maintient son esprit dans le bonheur serein des lieux saints.

23. C'est grâce à la patience, à l'assiduité dans la contemplation et dans la libération totale de son esprit que la personne spirituelle accèdera à une vie sereine dans l'ultime nirvâna.

24. La continence, la persévérance et l'assiduité dans la contemplation et dans le comportement correct, sont autant de vertus qui haussent de jour en jour, la renommée d'une personne.

25. C'est grâce à son assiduité et à sa persévérance dans le contrôle de soi-même que la personne spirituelle édifie à son intérêt un îlot solide, imperturbable aux déchaînements des typhons.

26. Người ám-độn ngu-si đắm chìm trong vòng buông-lung; nhưng kẻ trí lại chăm giữ tâm mình không cho buông-lung như anh nhà giàu chăm lo giữ của.

27. Chớ nên đắm chìm theo buông-lung, chớ nên say-mê với dục-lạc; hãy nên tỉnh-giác và tu thiền, mới mong đặng đại an-lạc.

28. Nhờ trừ hết buông-lung, kẻ trí không còn lo sợ gì. Bậc thánh-hiền khi bước lên lầu cao của trí-tuệ, nhìn lại thấy rõ kẻ ngu ôm nhiều lo sợ, chẳng khác nào khi lên được núi cao cúi xuống nhìn lại muôn vật trên mặt đất.

29. Tinh-tấn giữa đám người buông-lung, tỉnh -táo giữa đám người mê ngủ; kẻ trí như con tuấn mã thẳng tiến bỏ lại sau con ngựa gầy hèn.

30. Nhờ không buông-lung, Ma-già lên làm chủ cõi chư thiên; không buông-lung luôn luôn được khen ngợi, buông-lung luôn luôn bị khinh chê.

26. L'homme stupide et ignorant aime batifoler dans le libertinage, tandis que la personne spirituelle se tourne vers la continence, tel un avare veillant à ses sous.

27. Ne vous adonner pas au libertinage et à la jouissance des plaisirs sensuels. C'est plutôt dans la contemplation de son esprit qu'on accède à la totale quiétude.

28. C'est grâce à une vie pure dénuée de libertinage que la personne spirituelle se défait de la peur. Pelotonnée dans sa sphère spirituelle, elle observe les lourdauds patauger dans leur angoisse et dans leur ignorance aussi clairement que lorsqu'elle se trouve en haut d'une montagne à regarder les êtres frétiller dans la vallée.

29. Soutenir un effort continu parmi les libertins et être éveillée parmi les endormis, la personne spirituelle est semblable à un étalon qui détale devant une haridelle.

30. C'est grâce à la continence que Maghava * devient le roi du Trâyastrim'sa * et des trente- trois paradis ; la continence est une vertu encourageante, le libertinage un péché honteux.

31. Tỳ-kheo nào thường ưa không buông-lung hoặc sợ thấy sự buông-lung, ta ví họ như ngọn lửa hồng, đốt tiêu tất cả kiết-sử từ lớn chí nhỏ.

32. Tỳ-kheo nào thường ưa không buông-lung hoặc sợ thấy sự buông-lung, ta biết họ là người gần tới Niết-bàn, nhất định không bị sa-đọa dễ-dàng như trước.

31. Le moine qui à l'ordinaire aime la continence ou qui a peur de l'incontinence, est vu comme un feu empourpré qui dévore les troubles et les tourments, petits ou grands.

32. Le moine qui à l'ordinaire aime la continence ou qui a peur de l'incontinence, est à une courte distance du nirvâna. Il ne succombe plus dans les vices de la débauche aussi aisément que dans le passé.

Phẩm ba :
Vọng tâm

Chapitre Trois :
L'esprit

33. Tâm kẻ phàm-phu thường xao động biến -hóa rất khó chế-phục gìn-giữ; nhưng kẻ trí lại chế-phục tâm mình làm cho chánh-trực một cách dễ-dàng, như thợ khéo uốn nắn mũi tên.

34. Như con cá bị quăng lên bờ sợ-sệt và vùng -vẫy thế nào, thì cũng như thế, các người hãy đem tâm lo-sợ , phấn-đấu để mau thoát khỏi cảnh giới ác-ma.

35. Tâm phàm-phu cứ xoay vần theo ngũ dục, xao động không dễ nắm bắt; chỉ những người nào đã điều-phục được tâm mình mới được yên vui.

36. Tâm phàm-phu cứ xoay vần theo ngũ dục, biến hóa u-uẩn khó thấy; nhưng người trí lại thường phòng hộ tâm mình và được yên-vui nhờ tâm phòng hộ ấy.

37. Tâm phàm-phu cứ lén lút đi một mình, đi rất xa, vô-hình vô-dạng như ẩn náu hang sâu; nếu người nào điều-phục được tâm thì giải thoát khỏi vòng ma trói buộc.

33. L'esprit *(voir conscience) de l'homme ordinaire est agité, changeant inlassablement d'un objet à un autre ; seule la personne spirituelle arrive à contrôler son esprit et à le diriger naturellement au respect de la bonne loi, tout comme l'artisan qui façonne une flèche bien droite.

34. Tel un poisson qui se débat fébrilement sur la terre ferme pour sa survie, pareillement servez-vous de ce même esprit paniqué pour vous dégager de ce monde funeste.

35. L'esprit *de l'homme tourne fébrilement autour des cinq désirs sensuels (kâma)* ainsi qu'une ombre vaporeuse ; seul celui qui arrive à se contrôler, découvrira le bonheur escompté.

36. L'esprit *de l'homme tourne fébrilement autour des cinq désirs sensuels (kâma)* qui l'ensorcellent tels des mirages fantasmagoriques ; seule la personne spirituelle réussit à préserver dans le calme et dans la sérénité un esprit sain qui lui pourvoie tout le bonheur escompté.

37. L'esprit *(voir conscience) de l'homme se comporte tel un voleur qui s'esquive dans les ténèbres et dans la solitude vers une destination d'un antre profond ; celui qui arrive à contrôler son esprit, voit sa personne se libérer de l'étreinte maléfique qui le cheville.

38. Người tâm không an-định, không hiểu biết chánh-pháp, không tín tâm kiên-cố, thì không thể thành-tựu được trí-tuệ cao siêu.

39. Người tâm đã thanh-tịnh, không còn các điều hoặc-loạn, vượt trên những nghiệp thiện ác thông-thường, là người giác-ngộ chẳng sợ hãi.

40. Hãy biết rằng thân này mong-manh như đồ gốm và giam giữ tâm người như thành quách, người hãy đánh dẹp ma quân với thanh huệ kiếm sẵn có của mình và nắm giữ phần thắng-lợi, chứ đừng sanh tâm đắm -trước.

41. Thân này thật là ngắn-ngủi! Nó sẽ ngủ một giấc ngủ dài dưới ba thước đất, vô ý-thức bị vất bỏ như khúc cây khô vô dụng.

42. Cái hại của kẻ thù gây ra cho kẻ thù hay của oan-gia đối với oan-gia, không bằng cái hại của tâm-niệm hướng về hành vi tà-ác gây ra cho mình.

43. Chẳng phải cha mẹ hay bà con nào khác làm, nhưng chính Tâm-niệm hướng về hành vi chánh-thiện làm cho mình cao-thượng hơn.

38. La personne qui n'a pas un esprit calme, une foi solide ainsi qu'une ferme connaissance de la bonne loi, n'arrive point à atteindre la sphère de la connaissance absolue.

39. La personne qui a un esprit calme et qui ne connaît plus les fougues déconcertantes en se plaçant au-dessus des bienfaits et des méfaits habituels, se trouve être proche de l'illumination. Elle n'a plus rien à craindre.

40. Soyez conscient que ce corps est éphémère comme une poterie qui captive l'esprit dans ses parois friables ; annihilez les forces négatives par la glaive de la connaissance qui est à votre disposition et persévérez jusqu'à la victoire finale, sans jamais vous laisser- aller dans des libertinages illusoires.

41. Ce corps ne dure qu'un instant ! Après quoi, il s'endort dans un sommeil millénaire six pieds sous terre, inconscient et inutile comme un morceau de bois pourri jeté dans les décombres.

42. Le mal qu'occasionne un homme contre son ennemi récent ou ancien, est bien moindre que le mal provoqué par un esprit malsain, vis-à-vis de lui-même.

43. Ce ne sont point nos parents ou quelque autre membre de la famille qui en sont la cause, mais c'est plutôt une pensée transcendantale vers une action vertueuse qui guide notre caractère vers sa noble constitution.

Phẩm bốn :
Hoa

Chapitre quatre : Les fleurs

44. Ai chinh phục được địa-giới, diêm-ma -giới,thiên-giới và ai khéo giảng nói pháp cú, như tay thợ khéo nhặt hoa làm tràng.

45. Bậc hữu-học chinh phục được địa-giới, diêm-ma-giới, thiên-giới và bậc hữu-học khéo giảng nói pháp cú như tay thợ khéo nhặt hoa làm tràng.

46. Hãy biết thân này như bọt nổi, rõ ràng là pháp huyễn hóa, để bẻ gãy mũi tên cám dỗ của bọn ma-quân, mà thoát ngoài vòng dòm ngó của tử-thần.

47. Như nước lũ cuốn phăng những xóm làng say-ngủ giữa đêm trường, tử-thần sẽ lôi -phăng đi những người mê muội sanh tâm ái -trước những bông-hoa mà mình vừa góp nhặt được.

48. Cứ sanh tâm ái-trước và tham-luyến mãi không chán những bông-hoa mà mình vừa góp-nhặt được, đó chính là cơ hội tốt cho tử -thần lôi đi.

44. Les personnes qui peuvent contrôler leur propre nature dans ces mondes sensibles, punitives ou de délices et qui enseignent ce Dhammapada * à la perfection, sont comparables à des fleuristes talentueux qui disposent avec art, les fleurs en un bouquet.

45. Les saints du Sotâpanna* sont ceux qui conçoivent à merveille ces mondes sensibles, punitives ou de délices et qui enseignent ce Dhammapada * à la perfection. Ils sont comparables à des fleuristes talentueux qui arrangent avec art, les fleurs en un bouquet.

46. Soyez conscient que ce corps physique est une bulle d'air d'un instant qui, néanmoins peut briser les armes séductrices des forces du mal vous accaparant, afin de vous libérer de la mort éternelle.

47. Tel un déluge qui engloutit les villages dans leur sommeil nocturne, la faux de la mort tranche donc rapidement ceux qui s'occupent à cueillir, dans la somnolence de leur esprit embourbé, les fleurs de leurs succès sociaux.

48. Cultivez votre esprit embourbé dans la joie et dans la délectation des fleurs de vos succès sociaux ; c'est durant ces moments inopportuns que la mort vous surprendra.

49. Hàng sa-môn đi vào xóm làng để khất thực ví như con ong đi kiếm hoa, chỉ lấy mật rồi đi chứ không làm tổn thương về hương-sắc.

50. Chớ nên dòm-ngó lỗi người, chớ nên dòm coi họ đã làm gì hay không làm gì; chỉ nên ngó lại hành-động của mình, thử đã làm được gì và chưa làm được gì.

51. Như thứ hoa tươi đẹp chỉ phô-trương màu sắc mà chẳng có hương thơm, những người chỉ biết nói điều lành mà không làm điều lành chẳng đem lại ích-lợi.

52. Như thứ hoa tươi-đẹp vừa có màu-sắc lại có hương thơm, những người nói điều lành và làm được điều lành, sẽ đưa lại kết quả tốt.

53. Như từ đống hoa có thể làm nên nhiều tràng hoa, từ nơi thân người có thể tạo nên nhiều việc thiện.

49. Le moine, en pratiquant sa quête de nourriture, se comporte telle une abeille qui se pose sur une fleur pour son nectar, sans entamer sa beauté ou son parfum.

50. Ne vous immiscer pas dans les erreurs d'autrui; ne chercher pas à savoir si les autres ont réalisé des bienfaits ou des méfaits. Regarder plutôt en vous-même pour voir ce que vous avez accompli jusqu'à date.

51. Telles des fleurs éclatantes mais non parfumées, les personnes qui prônent les vertus sans les appliquer, se voient leurs activités se perdre dans la stérilité.

52. Telles des fleurs éclatantes et parfumées, les personnes qui mettent leurs vertus en pratique sans se vanter, obtiendront sans faute des résultats satisfaisants.

53. Tel d'un amas de fleurs desquelles se départagent en plusieurs bouquets, le corps complexe d'une personne pourrait être le foyer d'où naissent d'innombrables bienfaits.

54. Mùi hương của các thứ hoa, dù là hoa chiên -đàn, hoa đa-già-la hay hoa mạt-ly đều không thể bay ngược gió, chỉ có mùi hương đức-hạnh của người chơn chính, tuy ngược gió vẫn bay khắp cả muôn phương.

55. Hương chiên-đàn, hương đa-già-la, hương bạt-tất-kỳ, hương thanh-liên; trong tất cả các thứ hương, chỉ thứ hương đức-hạnh là hơn cả.

56. Hương chiên-đàn, hương đa-già-la đều là thứ hương vi-diệu, nhưng không sánh bằng hương người đức-hạnh, xông ngát tận chư thiên.

57. Người nào thành-tựu các giới-hạnh, hằng ngày chẳng buông-lung, an-trụ trong chính trí và giải-thoát, thì ác ma không thể dòm ngó được.

58-59. Như từ trong đống bùn nhơ vất bỏ, mới sinh ra hoa sen thanh khiết ngào ngạt làm đẹp ý mọi người; cũng thế, chỉ từ nơi chốn phàm-phu manh -muội mới sản-xuất những vị đệ tử bậc chánh-giác, đem trí-tuệ soi sáng thế-gian.

54. Les parfums des fleurs célestes telles le cadana *, le cagara, ou le mallika ne se propagent pas à l'encontre du vent ; seule l'essence vertueuse d'une honnête personne se divulgue contre le vent et dans toutes les directions.

55. Parmi tous les parfums des fleurs célestes telles le cadana*, le cagara, le vassiki ou le lotus bleu, seul celui de la vertu arrive en tête de liste.

56. Les parfums des fleurs célestes cadana et cagara sont considérés comme les quintessences des émanations ; ils n'égalent pourtant pas à celui d'une personne vertueuse dont l'effluve embaume les paradis des plus reculés.

57. La personne qui accomplit une conduite vertueuse et qui, jour après jour se dévoue dans une attitude sainte et libératrice de la continence, se voit glisser hors de l'attention des forces du mal.

58-59. Tels d'admirables lotus éthérés qui s'élancent de la fange banale, il en est de même des adeptes du Bouddha qui viennent en ce monde des fripons pour les éclairer de leur sagesse enrichissante.

Phẩm năm :
Ngu

Chapitre cinq :
Le sot

60. Đêm rất dài với kẻ mất ngủ, đường rất xa với kẻ lữ hành mỏi-mệt. Cũng thế, vòng luân-hồi sẽ tiếp nối vô tận với kẻ ngu si, không minh đạt chánh-pháp.

61. Nếu khơng tìm được người bạn bằng mình hoặc hơn mình, thà quyết -chí ở một mình, tốt hơn kết bạn với người ngu-muội.

62. " Đây là con ta, đây là tài-sản ta!" Kẻ phàm -phu thường lo nghĩ như thế, nhưng chẳng biết chính ta còn không thiệt có, huống là con ta hay tài-sản ta.

63. Ngu mà tự biết ngu là trí, ngu mà tự xưng là trí , chính đó mới thật là ngu.

64. Người ngu suốt đời gần-gũi người trí vẫn chẳng hiểu gì chánh-pháp, ví như cái muỗng múc thuốc-thang luôn mà chẳng bao giờ biết được mùi-vị của thuốc.

60. La nuit est sans fin pour l'insomniaque, la route est longue pour le voyageur épuisé ; de même, les cycles des réincarnations se succèdent interminablement pour les sots ignorants de la bonne loi.

61. Si vous ne trouvez pas une personne dont la connaissance vous dépasse ou vous égale, il est préférable de vivre dans la solitude que de s'attacher à des esprits arriérés.

62. « Voici mon fils, voici ma fortune ! » Le sot pense souvent à ces bagatelles, sans savoir que lui-même n'existe pas ; qu'en sont ces expédients !

63. Un sot qui se connaît soi-même sera bientôt intelligent ; par contre un illettré qui se prend pour un savant, restera toujours dans les affres de son ignorance.

64. Auprès de l'homme intelligent toute sa vie, le sot ne comprend rien de la bonne loi ; tout comme une louche restera toujours insensible dans la soupière.

65. Người trí dù chỉ gần-gũi người trí trong khoảnh-khắc cũng hiểu ngay được chánh -pháp, chẳng khác gì cái lưỡi mới tiếp xúc với thuốc-thang đã biết ngay mùi-vị của thuốc.

66. Kẻ phàm-phu không giác-ngộ nên đi chung với cừu-địch một đường. Cũng thế, những người tạo ác-nghiệp nhất định phải cùng ác -nghiệp đi đến khổ báo.

67. Những người gây điều bất thiện, làm xong ăn-năn khóc lóc, nhỏ lệ dầm-dề, vì biết mình sẽ phải thọ lấy quả báo tương-lai

68. Những người tạo các thiện nghiệp, làm xong chẳng chút ăn-năn, còn vui mừng hớn hở, vì biết mình sẽ thọ lấy quả báo tương -lai.

69. Khi ác-nghiệp chưa thành thục, người ngu tưởng như đường mật, nhưng khi ác-nghiệp đã thành thục, họ nhất định phải chịu khổ đắng cay.

65. Auprès du sage ne serait-ce qu'un instant, la personne spirituelle comprend de suite la bonne loi, tout comme le palais perçoit la saveur de la soupe à son contact.

66. Le sot marcherait à côté de son ennemi sans le savoir ; il en est de même de ceux qui causent une action néfaste ; ils la portent inévitablement jusqu'au paiement final de leur karma *.

67. Ceux qui créent une mauvaise action se repentent et pleurent lamentablement ; lorsque des conséquences malheureuses se trouvent être à proximité.

68. Ceux qui créent une bonne action ne se repentent point ; ils sont heureux et radiants dans leur jouissance ; ils sont conscients que des retombées bénéfiques s'en suivront.

69. Le sot croit jouir des conséquences mielleuses de ses mauvaises actions dont les graines n'arrivent pas encore à leur maturité ; mais lorsque ces dernières viennent à échéance il doit alors payer son karma dans une amère souffrance.

70. Từ tháng này qua tháng khác, với món ăn bằng đầu ngọn cỏ cô-sa (cỏ thơm), người ngu có thể lấy để nuôi sống, nhưng việc làm ấy không có giá-trị bằng một phần mười sáu của người tư-duy chánh-pháp.

71. Người cất sữa bò, không phải chỉ sáng chiều đã thành ra vị đề-hồ được. Cũng thế, kẻ phàm-phu tạo ác-nghiệp tuy chẳng cảm thụ ác-quả liền, nhưng nghiệp-lực vẫn âm thầm theo họ như lửa ngún giữa tro than.

72. Kẻ phàm-phu, lòng thì muốn cầu được trí thức mà hành-động lại dẫn tới diệt-vong, nên hạnh-phúc bị tổn hại, mà trí-tuệ cũng tiêu tan.

73. Kẻ ngu-xuẩn thường hay muốn danh tiếng mà mình không xứng; chỗ ngồi cao trong tăng chúng, oai-quyền trong tăng-lữ, danh -vọng giữa các gia-tộc khác.

74. Hãy để cho người tăng kẻ tục nghĩ rằng: " Sự này do ta làm, trong mọi việc lớn hay nhỏ đều noi theo ta cả." Kẻ phàm-phu cứ tưởng lầm như thế, nên lòng tham-lam ngạo -mạn tăng hoài.

75. Một đàng đưa tới thế-gian, một đàng đưa tới Niết-bàn; hàng tỳ-kheo đệ-tử Phật hãy biết rõ như thế, chớ nên tham-đắm thế lợi để chuyên chú vào đạo giải-thoát.

70. Le sot se nourrit tous les jours d'une quantité de nourriture moindre que le bout du brin d'herbe kosa, mais la valeur de cette performance n'arrive pas au seizième de celui qui se recueille à la bonne loi.

71. Le lait frais ne se condense pas de suite en yaourt, tout comme le karma néfaste du sot ne se traduit pas en sa conséquence immédiate. Sa force reste cependant en veilleuse comme un traître feu de cendres.

72. Le sot aimerait accéder au sphère de la haute connaissance mais accomplit malheureusement des méfaits qui l'entraînent vers la perdition, vers la destruction totale de son bonheur et de son savoir.

73. Le sot se hisse souvent à une position privilégiée dont il est incompétent ; une place d'honneur chez les vénérables, dans la sangha ou une situation de choix dans les grandes familles.

74. Laissez les gens ordinaires penser que : « ces bonnes actions petites ou grandes ne dérivent que de leurs seules prouesses. » C'est en raisonnant de la sorte que la cupidité et l'orgueil de ces sottes gens s'amplifieront indéfiniment.

75. Soyez conscient qu'une route mène vers le monde temporel et qu'une autre conduit vers le nirvâna ; ne laissez pas les gains alléchants de la première voie vous endormir, afin de vous focaliser vers celle de la délivrance.

Phẩm sáu :
Trí-giả

Chapitre six :
La personne spirituelle

76. Nếu gặp được người hiền-trí thường chỉ bày lầm-lỗi và khiển-trách mình những chỗ bất toàn, hãy nên kết thân cùng họ và xem như bậc trí-thức đã chỉ kho tàng bảo vật. Kết thân với người trí thì lành mà không dữ.

77. Những người hay khuyên răn dạy dỗ, can ngăn tội lỗi kẻ khác, được người lành kính yêu bao nhiêu thì bị người dữ ghét bỏ bấy nhiêu.

78. Chớ nên làm bạn với người ác, chớ nên làm bạn với người kém hèn; hãy nên làm bạn với người lành, với người chí khí cao -thượng.

79. Được uống nước chánh-pháp thì tâm thanh -tịnh an-lạc, nên người trí thường vui mừng ưa nghe thánh-nhơn thuyết-pháp.

80. Người tưới nước lo dẫn nước, thợ làm cung tên lo uốn cung tên, thợ mộc lo nảy mực đo cây, còn người trí thì lo tự điều-phục lấy mình.

76. Attachez-vous à la personne spirituelle qui montre vos erreurs et qui critique vos fautes ; elle est comparable à quelqu'un qui vous dévoile un trésor caché. Il est bien profitable de fréquenter de telles personnes.

77. Les personnes qui consacrent leurs temps à enseigner et à déceler les erreurs des autres pour les arrêter à temps, reçoivent autant d'appréciations des personnes spirituelles que de blames des méchants.

78. Ne pas vous lier d' amitié avec un homme méchant, infâme ou de basse moralité ; soyez plutôt ami avec une personne spirituelle, celle qui possède une noblesse de caractère et une élévation de l'esprit.

79. Au contact de la bonne loi, l'esprit s'apaise dans la sérénité ; c'est la raison pour laquelle la personne spirituelle se délecte des bains de sermons.

80. L'employé en irrigation cherche à amener l'eau, l'artisan se peine dans la fabrication des flèches, le menuisier observe la qualité du bois, tandis que la personne spirituelle dirige ses sens vers la sublimation de son esprit.

81. Như ngọn núi kiên-cố, chẳng bao giờ bị gió lay, những lời hủy-báng hoặc tán-dương chẳng bao giờ làm lay động người đại trí.

82. Như hồ nước sâu, vừa yên-lặng trong sạch, những người có trí-tuệ sau khi nghe pháp, tâm họ cũng thanh-tịnh và lặng yên.

83. Người lành thường xa lìa mà không bàn đến những điều tham-dục. Kẻ trí đã xa lìa niệm -lự mừng lo, nên chẳng còn bị lay-động vì khổ lạc.

84. Không vị tình thiên-hạ, cũng không vị tình một người nào, người trí không làm bất cứ điều gì sai-quấy.Không nên cầu con trai, sự giàu-có, vương-quốc bằng việc sai-quấy. Không nên cầu mong thành-công của mình bằng những phương tiện bất-chánh. Được vậy, mới thật là người đạo-đức, trí-tuệ và ngay-thẳng.

85. Trong đám nhân-quần này chỉ có một ít người đã đạt đến bờ bên kia, còn bao nhiêu người khác thì đang bồi-hồi vơ-vẩn tại bờ này.

81. Comme une montagne rocheuse imperturbable aux vents violents, les louanges affables ou les critiques acrimonieuses n'affectent point la personne spirituelle.

82. Comme un lac profond étalant son eau limpide et tranquille, l'esprit de la personne spirituelle se recueille après les sermons, dans la paix et dans la sérénité.

83. Le sage évite les discussions sur les désirs charnels et matériels. Ayant écarté les pensées de joie et de peine, la personne spirituelle ignore les notions de bonheur ou d'infortune.

84. Ce n'est pas à cause de quelqu'un ou pour le bénéfice de n'importe qui, la personne spirituelle n'entreprend pas un travail qui provoque des conséquences fâcheuses ; elle ne cherche pas à récolter les faveurs, la gloire ou la fortune par des actions perverses ; elle n'érige pas son propre succès à partir des moyens illicites. Ce faisant, elle fait preuve d'une personne éveillée, honnête et sage.

85. Parmi tous ces gens, très peu atteint l'autre rive de la délivrance. Le reste barbotte sur ce côté-ci, malheureux et éperdu dans ce monde des souffrances.

86. Những người nào hay thuyết-pháp, hay theo chánh-pháp tu hành, thì được đạt tới bờ bên kia, thoát-khỏi cảnh giới tà-ma khó thoát.

87. Người trí hãy nên rời bỏ hắc pháp(ác pháp) mà tu bạch pháp(thiện pháp), xa gia đình nhỏ hẹp, xuất gia sống độc thân theo pháp tắc sa môn.

88. Người trí phải gột sạch những điều cấu uế trong tâm, hãy cầu cái vui chánh pháp, xa lìa ngũ dục mà chứng Niết-bàn.

89. Người nào thường chính tâm tu tập các phép giác chi, xa lìa tánh cố chấp, rời bỏ tâm nhiễm ái, diệt hết mọi phiền não để trở nên sáng suốt, thì sẽ chứng Niết-bàn ngay trong đời hiện tại.

86. Ceux qui suivent les enseignements de la bonne loi ou qui prêchent les autres à le faire, atteindront le bord de l'autre rive, quittant ainsi facilement ce monde fantasmagorique dont l'évasion s'avère être extrêmement difficile.

87. La personne spirituelle se débarrasse des idées obscures au profit des plus nobles. Elle se détache de la famille étriquée pour s'engager dans la religion où elle s'enivre à une vie indépendante de religieux.

88. La personne spirituelle doit assainir toutes les immondices de son esprit ; elle s'adonne au bonheur de la bonne loi du nirvâna en se détachant de ses cinq désirs sensoriels(kâma).

89. La personne qui pratique les sept Sambodhyanga * avec honnêteté, qui arrive à se défaire de la petitesse, du magnétisme de l'amour charnel et qui puisse se libérer des tourments qui l'assaillent, accèdera facilement au nirvâna en cette vie même.

Phẩm bảy :
A-la-hán

Chapitre sept :
Les saints Arhat

90. Người đã giải thoát hết thảy, đã dứt hết thảy buộc ràng, là người đi đường đã đi đến đích, chẳng còn chi lo sợ.

91. Kẻ dũng mãnh chánh niệm, tâm không ưa thích tại gia, ví như con ngỗng khi ra khỏi ao, chúng bỏ lại cái nhà ao hồ của chúng không chút nhớ tiếc.

92. Những vị A-la-hán không chứa tài sản, biết rõ mục đích sự ăn uống, tự tại đi trong cảnh giới "không, vô tướng, giải thoát" như chim bay giữa hư không.

93. Những vị A-la-hán, dứt sạch các hoặc lậu, không tham đắm uống ăn, tự tại đi trong cảnh giới " không, vô tướng, giải thoát" như chim bay giữa hư không.

94. Những vị A-la-hán đã tịch tịnh được các căn, như tên kỵ mã đã điều luyến được ngựa lành, nên không còn phiền não ngã mạn và được các hàng nhơn thiên kính mộ.

90. Celui qui s'est affranchi complètement de ses liens matériels, affectifs, psychiques ou psychologiques, est considéré comme un voyageur arrivé à sa destination ; il n'a plus rien à craindre du voyage.

91. L'esprit *de la personne victorieuse de la bonne loi se détache hardiment de sa famille tout comme l'oie sauvage qui quitte l'étang de sa jeunesse sans le moindre regret.

92. Les saints Arhat n'amassent pas les biens matériels ; ils connaissent parfaitement le but ultime de la nutrition chez l'homme et évoluent librement dans le monde « du néant, de la non-forme et de l'affranchissement », tels les oiseaux voguant dans le firmament.

93. Les saints Arhat se libèrent complètement des troubles et des tourments. Ils sont sobres et ils évoluent librement dans le monde « du néant, de la non-forme et de l'affranchissement », tels les oiseaux voguant dans le firmament.

94. Les saints Arhat dont les sens se relâchent, sont comparables à des cavaliers qui ont pu maîtriser leurs montures intraitables ; ils arrivent à se défaire des troubles exaltés par leur ego et sont par conséquent respectés des hommes et des anges.

95. Những vị A-la-hán đã bỏ hết lòng sân hận, tâm như cõi đất bằng, lại chí thành kiên cố như nhân-đà-yết-la (Indakhila), như ao sâu không bùn, nên chẳng còn luân hồi xoay chuyển.

96. Những vị A-la-hán, ý nghiệp thường vắng lặng, ngữ nghiệp, hành nghiệp thường vắng lặng,lại có chánh trí giải thoát, nên được an ổn luôn.

97. Những vị A-la-hán chẳng còn phải tin ai; đã thấu hiểu đạo vô vi, dứt trừ vĩnh viễn nguyên nhân cùng quả báo ràng buộc, lòng tham dục cũng xa lìa. Chính đó là bậc Vô thượng sĩ.

98. Dù ở xóm làng, dù ở rừng núi, dù ở đất bằng, dù ở gò-trũng, bất cứ ở chốn nào mà có vị A-la-hán, thì ở đó đầy dẫy cảnh tượng yên vui.

99. Lâm dã là cảnh rất vui đối với vị A-la-hán, nhưng người đời chẳng ưa thích; trái lại dục lạc là cảnh ưa thích đối với người đời, vị A-la-hán lại lánh xa.

95. Les saints Arhat ont annihilé complètement leur agressivité ; leur esprit * est aussi serein qu'est l'impassibilité de la terre, aussi solide qu'est le socle du Trâyastrim'sa et aussi pur qu'est l'eau des gorges profondes. Les cycles des réincarnations ne peuvent plus les affecter.

96. Les saints Arhat détiennent la sérénité dans leurs paroles, leurs actions et leurs pensées. Ils sont complètement libérés de toutes attaches et sont manifestement sereins en toutes circonstances.

97. Les saints Arhats n'ont plus de confiance en qui que ce soit. Ils ont retrouvé la voie de la sérénité du négativisme, annihilé radicalement les germes de la cause à l'effet qui attachent les individus aux cycles des réincarnations par le biais de l'affranchissement de leurs désirs. Ils sont en effet les maîtres incontestés de ce monde.

98. A la campagne ou dans les montagnes reculées, sur les plateaux ou dans les vallons perdus, qu'importe ; l'endroit où demeure un saint Arhat se voit transformer en un lieu de résidence paisible où abondent des spectacles bienheureux.

99. Les bosquets éloignés constituent les sites de félicité des Arhat mais fuis des personnes ordinaires qui préfèrent les endroits de jouissance, lesquels au contraire sont abhorrés par les premiers.

Phẩm tám :
Phẩm ngàn

Chapitre huit :
Les Mille

100. Tụng đến ngàn câu vô nghĩa, chẳng bằng một câu có nghĩa lý, nghe xong tâm liền thanh tịnh.

101. Tụng đến ngàn câu kệ vô nghĩa, chẳng bằng một câu kệ có nghĩa lý, nghe xong tâm liền thanh tịnh.

102. Tụng đến trăm câu kệ vô nghĩa, chẳng bằng một pháp cú, nghe xong tâm liền thanh tịnh.

103. Thắng ngàn quân địch chưa thể gọi là thắng, tự thắng được mình mới là chiến công oanh liệt nhất.

104. Tự thắng mình còn vẻ vang hơn thắng kẻ khác. Muốn thắng mình phải luôn luôn chế ngự lòng tham dục.

100. Psalmodier mille versets insignifiants est bien moins bénéfique que soulever une seule pensée véridique qui hisse votre esprit vers les hauteurs de la sérénité.

101. Psalmodier mille versets insignifiants est bien moins bénéfique que soulever un seul enseignement véridique qui hisse votre esprit vers les hauteurs de la sérénité.

102. Psalmodier cent versets insignifiants est bien moins bénéfique que soulever un seul enseignement du Dhammapada * qui hisse votre esprit vers les hauteurs de la sérénité.

103. Vaincre mille ennemis n'est qu'une victoire partielle ; celui qui se maîtrise, goûtera un triomphe des plus glorieux.

104. Pouvoir se maîtriser est plus éclatant que vaincre toute autre tierce personne. Pour ce faire, le prétendant doit toujours dominer sa passion sur ses multiples désirs.

105. Dù là thiên thần, Càn-thát-bà, dù là Ma vương hay Phạm thiên, không một ai chẳng thất bại trước người đã tự thắng.

106. Mỗi tháng bỏ ra hàng ngàn vàng để sắm vật hy sinh tế tự cả đến trăm năm, chẳng bằng trong giây lát cúng dường bậc chân tu; cúng dường bậc chân tu trong giây lát thắng hơn tế tự quỷ thần cả trăm năm.

107. Cả trăm năm ở tại rừng sâu thờ lửa, chẳng bằng trong giây lát cúng dường bậc chân tu; cúng dường bậc chân tu trong giây lát thắng hơn thờ lửa cả trăm năm.

108. Suốt một năm bố thí cúng dường để cầu phước, chuyện ĩ chẳng bằng một phần tư sự kính lễ bậc chính trực chính giác.

109. Thường hoan hỷ, tôn trọng, kính lễ các bậc trưởng lão, thì được tăng trưởng bốn điều: sống lâu, đẹp đẽ, vui vẻ, khỏe mạnh.

105. Que ce soient les anges du ciel, l'ange Gandhâbha*, l'ange Mâra* ou le roi Brahmâ* des paradis, toutes ces divinités doivent se courber devant celui qui se maîtrise.

106. Dilapider des milliers d'onces d'or mensuellement et durant une centaine d'années à pratiquer des sacrifices rocambolesques s'avère être moins enrichissant que d'effectuer des libéralités aux respectables religieux en un rien de temps ; cette dernière alternative est plus profitable que des oblations aux forces négatives pendant cent ans.

107. Se consacrer dans la jungle au dieu Agni* pendant une centaine d'années s'avère être moins enrichissant que d'effectuer des libéralités aux respectables religieux en un rien de temps ;cette dernière alternative est plus bénéfique que le dévouement à la flamme pendant cent ans.

108. Se consacrer toute une année à faire des libéralités en vue d'une heureuse compensation, la valeur de ces pratiques n'arrive pas au quart de celle d'une simple déférence à un saint Arhat*.

109. Vivre honnêtement dans la joie, dans le respect et dans la considération des personnes âgées vous apporte les quatre gratifications que sont : la longévité, la beauté, la gaieté et la santé.

110. Sống trăm tuổi mà phá giới và buông-lung, chẳng bằng chỉ sống một ngày mà trì-giới, tu thiền định.

111. Sống trăm tuổi mà thiếu trí-tuệ, không tu thiền, chẳng bằng sống chỉ một ngày mà đủ trí, tu thiền định.

112. Sống trăm tuổi mà giải đãi không tinh-tấn, chẳng bằng chỉ sống một ngày mà hăng hái tinh-cần.

113. Sống trăm tuổi mà không thấy pháp vô -thường sinh diệt, chỉ bằng chỉ sống một ngày mà được thấy pháp sinh diệt vô thường.

114. Sống trăm tuổi mà không thấy đạo tịch-tịnh vô-vi, chẳng bằng sống chỉ một ngày mà được thấy đạo tịch-tịnh vô-vi.

115. Sống trăm tuổi mà không thấy pháp tối -thượng, chẳng bằng sống chỉ một ngày mà được thấy pháp tối-thượng.

110. Être centenaire dans l'incontinence et dans la dépravation est bien moins bénéfique que vivre un seul jour dans la contemplation et dans l'observance des règlements de la bonne loi.

111. Être centenaire dans l'ignorance et dans l'oisiveté est bien moins bénéfique que vivre un seul jour dans le calme spirituel de la contemplation.

112. Être centenaire dans la paresse de l'observance de la bonne loi est bien moins bénéfique que vivre un seul jour dans l'accomplissement d'un effort correct.

113. Être centenaire sans connaître l'impermanence de la vie et de la mort est bien moins bénéfique que vivre un seul jour dans la connaissance de ce phénomène.

114. Être centenaire sans connaître la voie de la placidité du négativisme* est bien moins bénéfique que vivre un seul jour dans la compréhension de ce concept.

115. Être centenaire sans connaître les phénomènes ultra-sensoriels invisibles est bien moins bénéfique que vivre un seul jour dans la connaissance de ces manifestations.

Phẩm chín :
Phẩm ác

Chapitre neuf :
La méchanceté

116. Hãy gấp rút làm lành; chế chỉ tâm tội ác. Hễ biếng nhác việc lành giờ nào thì tâm ưa chuyện ác giờ phút ấy.

117. Nếu đã lỡ làm ác chớ nên thường làm hoài, chớ vui làm việc ác. Hễ chứa ác nhất định thọ khổ.

118. Nếu đã làm việc lành, hãy nên thường làm mãi, nên vui làm việc lành. Hễ chứa lành nhất định thọ lạc.

119. Khi ác nghiệp chưa thành thục, kẻ ác cho là vui; đến khi ác nghiệp thành thục, kẻ ác mới hay là ác.

120. Khi nghiệp lành chưa thành thục, người lành cho là khổ; đến khi nghiệp lành thành thục, người lành mới biết là lành.

116. Hâtez-vous d'effectuer les bonnes œuvres et comprimez votre esprit malicieux qui se développe prodigieusement, à la minute où ce dernier n'est pas endigué par la vigueur des bienfaits.

117. Si par mégarde vous avez compromis une mauvaise action, n'en recommencez point car cet agissement vous embarquera dans le malheur.

118. Si vous avez effectué une bonne action, renouvelez-la autant que possible et soyez heureux de l'avoir réalisée. Cela suscitera en vous de la félicité.

119. Lorsqu'un mauvais karma n'est pas encore mûr, le méchant s'en réjouit ; mais lorsqu'il arrive à son terme, ce dernier découvrira le côté satanique de ses méfaits.

120. Lorsqu'un bon karma n'est pas encore mûr, le bon patauge dans l'adversité ; mais lorsqu'il arrive à son terme, ce dernier découvrira le côté bienveillant de ses bienfaits.

121. Chớ khinh điều ác nhỏ,cho rằng : " chẳng đưa lại quả báo cho ta". Phải biết giọt nước nhiễu lâu ngày cũng làm đầy bình. Kẻ ngu phu sở dĩ đầy tội ác bởi chứa dồn từng khi ít mà nên.

122. Chớ khinh điều lành nhỏ, cho rằng: «chẳng đưa lại quả báo cho ta». Phải biết giọt nước nhiễu lâu ngày cũng làm đầy bình. Kẻ trí sở dĩ toàn thiện bởi chứa dồn từng khi ít mà nên.

123. Như người đi buôn mang nhiều của báu mà thiếu bạn đồng hành, tránh xa con đường nguy hiểm làm sao, như kẻ tham sống tránh xa thuốc độc thế nào, thì các ngươi cũng phải tránh xa điều ác thế ấy.

124. Với bàn tay không thương tích, có thể nắm thuốc độc mà không bị nhiễm độc, với người không làm ác thì không bao giờ bị ác.

125. Đem ác ý xâm phạm đến người không tà vạy thanh tịnh vô nhiễm, tội ác sẽ trở lại kẻ làm ác như ngược gió tung bụi.

121. Ne mésestimer pas la vigueur des petites méchancetés, alléguant qu'elles sont trop faibles pour provoquer un karma* néfaste. Il est à rappeler que des gouttes minuscules rempliraient bien la jarre d'eau en peu de temps. De même, le pauvre bougre est chargé de poursuites criminelles, suite à l'accumulation en sa personne de gouttelettes de malignités.

122. Ne mésestimer pas la vigueur des médiocres bienfaits alléguant qu'ils ne sont pas assez rigoureux pour provoquer un karma en conséquence. Il est à remarquer que des gouttes négligeables rempliraient bien la jarre d'eau en peu de temps ; de même, la personne sensée deviendrait sage suite à la thésaurisation lente de ses vertus.

123. Tel un commerçant écartant les parcours périlleux lorsqu'il charrie dans ses déplacements d'importante richesse sans le concours d'une escorte efficace, de même, vous devriez répudier les méchancetés à la façon dont une personne aimant la vie, repousse une fiole empoisonnée.

124. Telle une main saine tenant un produit toxique sans en être affectée, de même une personne bienveillante ne peut exposer à aucune méchanceté.

125. Se servir de la méchanceté pour léser une personne saine et sereine, cette malveillance se retournera contre le méchant telle une bourrasque impromptue qui soulève des tourbillons suffocants.

126. Một số sinh ra từ bào thai, kẻ ác thì đọa vào địa ngục, người chính trực thì sinh lên chư thiên, nhưng cõi Niết-bàn chỉ dành riêng cho những ai đã diệt sạch nghiệp sanh tử.

127. Chẳng phải bay lên không trung, chẳng phải lặn xuống đáy bể, chẳng phải chui vào hang sâu núi thẳm, dù tìm khắp thế gian này, chẳng có nơi nào trốn khỏi ác nghiệp đã gây.

128. Chẳng phải bay lên không trung, chẳng phải lặn xuống đáy bể,chẳng phải chui vào hang sâu núi thẳm, dù tìm khắp thế gian này, chẳng có nơi nào trốn khỏi tử thần.

126. Certains viennent en ce monde par la voie embryonnaire, les méchants expient dans les enfers, les justes se retrouvent aux paradis.* Le nirvâna* est réservé aux seuls qui ont pu annihiler leur karma* de la vie et de la mort.

127. Ce n'est pas en s'élevant dans les airs, en plongeant dans les océans ou en se cachant dans les antres profonds des montagnes ; nul endroit de cette planète ne peut vous protéger des conséquences d'un karma néfaste.

128. Ce n'est pas en s'élevant dans les airs, en plongeant dans les océans ou en se cachant dans les antres profonds des montagnes ; nul endroit de cette planète ne peut vous préserver de la mort.

Phẩm mười :

Phẩm đao trượng

Chapitre dix :
Les instruments de torture

129. Ai ai cũng sợ gươm đao; ai ai cũng sợ sự chết; vậy nên lấy lòng mình suy lòng người, chớ giết chớ bảo giết.

130. Ai ai cũng sợ gươm đao; ai ai cũng thích được sống còn; vậy nên lấy lòng mình suy lòng người, chớ giết chớ bảo giết.

131. Người nào cầu hạnh phúc cho mình mà lấy đao gậy phá hại hạnh phúc kẻ khác, thì sẽ không được hạnh phúc.

132. Người nào cầu hạnh phúc cho mình mà không lấy đao gậy phá hại hạnh phúc kẻ khác, thì sẽ được hạnh phúc.

133. Chớ nên nói lời thô ác. Khi ngươi dùng lời thô ác nói với người khác, người khác cũng dùng lời thô ác nói với ngươi; thương thay những lời nóng giận thô ác chỉ làm cho các ngươi đau đớn khó chịu như đao gậy mà thôi.

129. Tout le monde a peur des armes tranchantes et de la mort. Si vous êtes angoissé à propos de la mort, soyez certain que les autres personnes le pensent comme vous. Ainsi, ne tuez point et n'incitez quiconque à le faire.

130. Tout le monde a peur des armes tranchantes et aspire à une existence saine. Si vous êtes angoissé à propos de la mort, soyez certain que les autres personnes le pensent comme vous. Ainsi, ne tuez point et n'incitez quiconque à le faire.

131. Celui qui cherche à être heureux et qui se sert des instruments de torture pour annihiler le bien-être des autres, ne connaîtra jamais le bonheur.

132. Celui qui cherche à être heureux et qui ne se sert pas des instruments de torture pour annihiler le bien-être des autres, connaîtra certainement le bonheur.

133. N'utilisez pas les paroles méchantes et pernicieuses qui se retourneraient contre vous, si jamais vous vous en serviez. Rappelez que ces malignités, échappées lors des explosions de colère ne font qu'amplifier les souffrances tels que causent les instruments de torture.

134. Nếu ngươi mặc nhiên như cái đồng la bể trước những người đem lời thô ác cãi vả đến cho mình, tức là người đã tự tại đi trên đường Niết-bàn; người kia chẳng làm sao tìm sự tranh cãi với ngươi được nữa.

135. Như với chiếc gậy, người chăn trâu xua trâu ra đồng, sự già chết cũng thế, thường xua chúng sanh đến tử vong.

136. Kẻ ngu phu tạo các ác nghiệp vẫn không tự biết có quả báo gì chăng? Người ngu tự tạo ra nghiệp để chịu khổ, chẳng khác nào tự lấy lửa đốt mình.

137-140. Nếu lấy đao gậy hại người toàn thiện toàn nhân, lập tức kẻ kia phải thọ lấy đau khổ trong mười điều nào: Thống khổ về tiền tài bị tiêu mất, thân thể bị bại hoại, hoặc bị trọng bệnh bức bách, hoặc bị tán tâm loạn ý, hoặc bị vua quan áp bách, hoặc bị vu trọng tội, hoặc bị quyến thuộc ly tán, hoặc bị tài sản tan nát, hoặc phòng ốc nhà cửa bị giặc thiêu đốt, và sau khi chết bị đọa vào địa ngục.

134. Quiconque se comporte comme une cloche fêlée devant les commérages dressés à son égard, aurait grandement la chance de progresser paisiblement sur le chemin du nirvâna. Personne ne peut désormais lui chercher querelle.

135. Tel le vacher qui pousse le troupeau devant son aiguillon, la mort culbute également les vivants vers leur déchéance finale.

136. Les pauvres bougres créent eux-mêmes des karma néfastes sans se rendre compte de leurs insalubrités. Ils provoquent ainsi des conséquences lugubres à leur personne exactement comme s'ils brûlaient leur corps par leurs propres mauvaises actions.

137-140. Celui qui se sert des instruments de torture pour léser un sage, serait inévitablement puni des dix châtiments que voici : il se tourmente sur d'inhabituelles disparitions de ses biens ; il s'afflige des maux corporels, des maladies incurables, des perturbations névralgiques, des problèmes fiscaux, des poursuites pénales mal fondées, de la dissipation de sa famille, de la ruine de son avoir, de la perte mystérieuse de ses immobiliers et finalement après son trépas, il sera irrémédiablement jeté aux enfers.

141. Chẳng phải đi chân không, chẳng phải để tóc xù, chẳng phải xoa tro đất vào mình, chẳng phải tuyệt thực, chẳng nằm trên đất, chẳng phải để thân hình nhớp nhúa,cũng chẳng phải ngồi xổm mà người ta có thể thanh tịnh, nếu không dứt trừ nghi hoặc.

142. Người nào nghiêm giữ thâm tâm, chế ngự khắc phục ráo riết, thường tu phạm hạnh , không dùng đao gậy gia hại sanh linh, thì chính người ấy là Bà-la-môn, là Sa-môn, là Tỳ kheo vậy.

143. Biết lấy điều hổ thẹn để tự cấm ngăn mình, thế gian ít người làm được. Người đã làm được, họ khéo tránh hổ nhục như ngựa hay khéo tránh roi da.

144. Các ngươi hãy nổ lực sám hối như ngựa đã hay còn thêm roi. Hãy ghi nhớ lấy chánh tin, tịnh giới, tinh tiến, tam-ma-địa (thiền định),trí phân biệt chánh pháp, và minh-hành-túc để tiêu diệt vô lượng thống khổ.

145. Người tưới nước lo dẫn nước, thợ làm tên lo uốn tên, thợ mộc lo nảy mực cưa cây, người làm lành thì tự lo chế ngự.

141. Ce n'est pas en marchant nus pieds avec les cheveux ébouriffés, ce n'est pas en se fardant de cendre ou d'autres saletés, ce n'est pas en restant à jeun ou dormir à même le sol avec un corps hideux, ce n'est pas en optant des positions étranges de yogi, que vous puissiez obtenir la tranquillité de votre esprit, si vous n'arrivez pas à annihiler la méfiance* qui réside en vous.

142. Quiconque sait préserver son esprit étroitement dans la tranquillité, qui se surveille à tout moment à rester dans les limites de la sainteté et qui n'utilise pas les instruments de torture pour léser les vivants, cette personne est en fait un vrai brahmane ou un authentique moine.

143. Peu de personnes sachent faire appel à la honte pour proscrire leurs méfaits. Pour celles qui le savent, elles se comportent comme ces magnifiques étalons qui s'esquivent de la cravache.

144. Multiplier vos contritions qui vous élèveront comme cet étalon splendide qui reçoit encore des coups de cravache d'encouragement. Pensez toujours aux cinq Indriya que sont : la faculté de foi, la faculté d'effort, la faculté d'attention, la faculté de concentration et la faculté de sagesse, lesquelles vous aideront à annihiler d'innombrables souffrances.

145. L'employé en irrigation cherche à amener l'eau, l'artisan se peine dans la fabrication des flèches, le menuisier observe la qualité du bois tandis que l'honnête personne veille à délimiter ses erreurs.

Phẩm mười một :
Phẩm lão

Chapitre onze : La dégénérescence

146. Làm sao vui cười, có gì thích thú, khi ở trong cõi đời luôn luôn bị thiêu đốt? Ở trong chỗ tối tăm bưng bít, sao không tìm tới ánh quang minh?

147. Hãy ngắm cái thân tốt đẹp này chỉ là đống xương lở lói, chồng chất tật bệnh đã được người ta tưởng là êm ái, trong đó tuyệt đối không có gì là trường tồn.

148. Cái hình hài suy già này là cái rừng tập trung bệnh tật, dễ hư nát. Đã có tụ tất có tán, có sinh tất có tử.

149. Trái hồ lô (trái bầu) về mùa thu thì khô tàn. Thân này cũng vậy, khi đã hư hoại, thì chỉ có một đống xương màu lông hạc; rõ thật chẳng có gì vui.

150. Thân này là cái thành xây bằng xương cốt và tô quét bằng máu thịt, để cất chứa sự già sự chết, ngã mạn và dối gian.

146. Comment pouvez-vous vous amuser ou vous adonner à des passions futiles lorsque le monde brûle autour de vous ? Dans cette fournaise obscurcie par la fumée, pourquoi ne cherchez-vous pas à y échapper vers des horizons dont la connaissance éclaire?

147. Regardez bien ce beau corps qui n'est qu'une collection d'os ébréchés et de maladies multiples mais que les gens l'estiment à tort tel un trésor précieux lequel est malheureusement constitué d'éléments extrêmement friables.

148. Cette forme avilissante et fragile est en fait une jungle d'où foisonnent mille maladies. Ce qui s'assemble, se désassemble ; de même, la formation de ce corps conduit à sa propre détérioration.

149. La courge se dessèche en automne. Il est aussi vrai de ce corps qui s'esquinte en un squelette laiteux dans lequel n'existe aucun élément intéressant.

150. Ce corps est une forteresse bâtie à partir des os assemblés au sang et des muscles et dont l'intérieur des murs abrite : la dégénérescence, la mort, la vanité et la dissimulation.

151. Cái xe vua đi dù được trang hoàng lộng lẫy cũng phải hư hoại, thân này dù có trau tria cũng có lúc già yếu. Chỉ trừ thiện pháp của bậc thiện nhân là không bị suy già và cứ di chuyển từ người lành này sang người lành khác.

152. Những người ít nghe kém học, suốt đời chỉ như trâu nái, gân thịt dẫu lớn mạnh mà trí tuệ không tăng thêm.

153-154. Ta lang thang trong vòng luân hồi qua bao kiếp sống, tìm mãi mà không gặp kẻ làm nhà. Đau khổ thay kiếp sống cứ tái diễn mãi! Hỡi kẻ làm nhà! Nay ta đã gặp được ngươi rồi. Ngươi không được làm nhà nữa! Bao nhiêu rui mè của ngươi đều gãy cả rồi, kèo cột của ngươi đã tan vụn cả rồi. Trí ta đã đạt đến vô thượng Niết-bàn, bao nhiêu dục vọng đều dứt sạch cả.

155. Lúc thanh niên cường tráng đã không kiếm ra tài của, cũng chẳng lo tu hành, nên khi già cả chẳng khác gì con cò già bên bờ ao, chẳng kiếm ra mồi phải khô héo chết mòn.

156. Lúc thanh niên cường tráng đã không kiếm ra tài của, cũng chẳng lo tu hành, nên khi già nằm xuống, dáng người như cây cung gãy, cứ buồn than về dĩ vãng.

151. Tel le magnifique carrosse royal qui se dégrade avec le temps, ce corps doit se détériorer à sa décrépitude. Une seule exception à cette loi est bien la philosophie d'un altruisme à outrance initié par les grands maîtres et passé d'un sage à un autre.

152. Les personnes de basse culture se comportent comme des vaches imposantes qui rabâchent les enseignements des autres sans jamais les comprendre.

153-154. Je déambule sur cette terre depuis maintes vies à la recherche du constructeur de la maison* sans jamais le trouver. Il est malheureux de constater que la vie suit son cours éternellement sans s'arrêter ! Maintenant que je vous ai décelé cher bâtisseur, vous ne pouvez plus me tourmenter par votre magie de retenir les gens dans votre solide édifice. Tous les piliers de votre charpente ont été démantelés de par mes mains. Mon esprit s'y libère pour gagner l'ultime nirvâna, vu que toutes mes passions qui sont de solides attaches, ont été complètement anéanties.

155. Ceux qui dans leur jeunesse ne travaillent pas et qui ne s'efforcent pas à cultiver leur sagesse, se retrouvent dans leurs vieux jours telles ces vieilles aigrettes qui se meurent dans le dénuement et dans la solitude au bord de l'étang.

156. Ceux qui dans leur jeunesse ne travaillent pas et qui ne s'efforcent pas à cultiver leur sagesse, se retrouvent dans leurs vieux jours à se lamenter de leur triste sort. Ils s'apparentent à ces arcs brisés et abandonnés.

Phẩm mười hai :
Phẩm tự kỷ

Chapitre douze :
Le soi

157. Nếu tự biết thương mình, phải gắng tự bảo hộ, trong ba thời phải có một; người có trí nên tỉnh ngộ chớ mê man.

158. Trước hãy tự đặt mình vào Chánh đạo rồi sau giáo hóa kẻ khác, được như vậy mới tránh khỏi điều lầm lỗi xảy ra.

159. Nếu muốn khuyên người khác nên làm như mình, trước hãy sửa mình rồi sau sửa người , vì tự sửa mình vốn là điều khó nhất.

160. Chính tự mình làm chỗ nương cho mình, chứ người khác làm sao nương được? Tự mình khéo tu tập mới đạt đến chỗ nương dựa nhiệm mầu.

161. Ác nghiệp chính do mình tạo ra, từ mình sinh ra. Ác nghiệp làm hại kẻ ngu phu dễ dàng như kim cang phá hoại bảo thạch.

157. Si vous avez pitié un peu de vous-même, il faudrait alors vous surveiller, surtout dans les temps qui suivent votre adolescence. Un homme intelligent est celui qui s'éveille et non celui qui s'endort.

158. D'abord il faudrait vous ranger dans la bonne loi avant de chercher à enseigner les autres personnes. C'est la seule façon de ne pas faire fausse route.

159. Si vous avez quelques conseils à donner aux autres d'être sages comme vous l'êtes, il faudrait avant tout purifier votre corps et votre esprit* (voir glossaire : conscience). S'améliorer est une chose difficile à accomplir.

160. Il faut mettre votre confiance en vous-même et non en aucun autre, car personne ne viendrait à votre rescousse. Ainsi, c'est de par votre propre effort que vous vous améliorez et que vous réussirez de par vous-même dans vos multiples entreprises.

161. Les mauvais karma proviennent de par vos propres actions. Ils sont engendrés de par vos propres erreurs et frappent les pauvres bougres tel l'effet que provoque le vajra* sur les pierres précieuses.

162. Sự phá giới làm hại mình như dây mang- la bao quanh cây Ta-la làm cho cây này khô héo, Người phá giới chỉ là người làm điều mà kẻ thù muốn làm cho mình.

163. Việc hung ác thì dễ làm nhưng chẳng lợi gì cho ta, trái lại việc từ thiện có lợi cho ta thì lại rất khó làm.

164. Những người ác tuệ ngu si, vì tâm tà kiến mà vu miệt giáo pháp A-la-hán, vu miệt người hành chánh đạo và giáo pháp đức Như Lai để tự mang lấy bại hoại, như giống cỏ cách –tha, hễ sinh hoa quả xong liền tiêu diệt.

165. Làm dữ bởi ta mà nhiễm ô cũng bởi ta; làm lành bởi ta mà thanh tịnh cũng bởi ta. Tịnh hay bất tịnh đều bởi ta, chứ không ai có thể làm cho ai thanh tịnh được?

166. Chớ vì lợi ích cho kẻ khác mà quên hẳn lợi ích cho chính mình. Người biết lo ích lợi cho mình mới thường chuyên tâm vào những điều ích lợi.

162. Enfreindre le code des règlements et des interdits apporte des revers aussi asphyxiants que crée l'étouffement de l'arbre Tala par les lianes Maluva. Celui qui contrevient à ces règlements et à ces interdits, agit tel que le souhaitent ses ennemis.

163. Les méchantes actions sont faciles à réaliser mais elles sont futiles. Au contraire, les bonnes actions sont utiles à la communauté mais sont difficiles à réaliser.

164. Les méchants bougres dénigrent les enseignements des Arhat de par leur pensée maladive. Ils critiquent ceux qui s'adonnent à la bonne loi et aux leçons du Tathâgata pour récolter des dépérissements désolants, telles les herbes katthaka qui s'assèchent de suite après leur floraison.

165. La méchanceté ou l'impureté ne provient que de vous-même; faire des bonnes œuvres ou se rappliquer à la sérénité ne découle que de votre propre détermination. Il en est de même d'une existence saine ou mouvementée. Personne ne peut assigner la sérénité de l'esprit à quiconque d'autre.

166. Ne vous occuper pas trop aux intérêts des autres et oublier votre propre libération spirituelle. Ce n'est qu'après s'être pleinement satisfait que votre esprit s'allège pour vous consacrer aux profits des autres personnes.

Phẩm mười ba :
Phẩm thế-gian

Chapitre treize :
Ce bas-monde

167. Chớ nên theo điều ty liệt, chớ nên đem thân buông lung, chớ nên theo tà thuyết, chớ làm tăng trưởng tục trần.

168. Hăng hái đừng buông lung, làm lành theo Chánh pháp. Người thực hành đúng Chánh pháp, thì đời này vui đời sau cũng vui.

169. Hãy làm lành theo Chánh pháp, việc ác tránh không làm. Người thực hành đúng Chánh pháp, thì đời này vui đời sau cũng vui.

170. " Như bọt nước trôi sông, như lầu sò chợ bể ". Nếu xem đời bằng cặp mắt ấy, chẳng còn sợ thần chết kéo lôi.

171. Giả sử thế gian này có được trang hoàng lộng lẫy như chiếc xe của vua đi nữa, thì trong số người đến xem, chỉ người ngu mới tham đắm, chứ kẻ trí nào hề bận tâm.

167. Ne vous adonner pas à des actes dégradants.
Ne vous livrer pas à la débauche.
Ne vous fier pas au charlatanisme.
Ne multiplier pas les attaches avec ce bas-monde.

168. Il faut vous efforcer à rester dans la continence et vous adonner sagement à la bonne loi. Une existence heureuse attend celui qui se consacre à ce concept dans cette vie même et dans celles qui s'en suivent.

169. Il faut suivre les enseignements de la bonne loi et s'abstenir de toutes mauvaises actions. Une existence heureuse attend celui qui se consacre à ce concept dans cette vie même et dans celles qui s'en suivent

170. « Telles les écumes sur les flots ou le château de coquillages sur le sable. » Si vous voyez ce bas-monde suivant cette optique, vous n'aurez plus peur de la mort.

171. A supposer que ce bas-monde soit pavoisé aussi magnifiquement qu'est ce carrosse du roi qui attire à lui tous les badauds, cela n'accaparerait que des pauvres bougres sans jamais déranger les personnes spirituelles.

172. Người nào trước buông lung sau lại tinh tấn, người đó là ánh sáng chiếu cõi thế gian như vầng trăng ra khỏi mây mù.

173. Người nào trước làm ác sau lại làm lành, người đó là ánh sáng chiếu cõi thế gian như vầng trăng ra khỏi mây mù.

174. Như chim thoát khỏi lưới, chẳng mấy con bay thẳng lên trời cao, trong thế gian này chẳng mấy người sáng suốt trông thấy cao xa.

175. Con thiên nga chỉ bay được giữa không trung, người có thần thông chỉ bay được khỏi mặt đất, duy bậc đại tri, trừ hết ma quân mới bay được khỏi thế gian này.

176. Những ai vi phạm đạo Nhất thừa, những ai ưa nói lời vọng ngữ, những ai không tin tưởng đời sau, thì chẳng có điều ác nào mà họ không làm được.

172. Celui qui s'est adonné à la débauche puis retourne en fin de compte vers le chemin de la droiture, illumine ce bas-monde tel l'orbe du soleil sortant des nuages obscurs.

173. Celui qui a commis des actions criminelles puis se ressaisit et retourne vers le chemin de la droiture, illumine ce bas-monde tel l'orbe du soleil sortant des nuages obscurs.

174. Rares sont les oiseaux qui s'échappent du rets vers le bel azur ; de même dans ce bas-monde, peu de gens lucides voient clairement devant eux.

175. Les cygnes évoluent dans le bel azur ; les maîtres spirituels accomplissent des lévitations surprenantes. Mais les personnes éveillées sont les seules à pouvoir s'échapper de ce bas-monde, après s'être affranchies de toutes les forces négatives.

176. Les personnes qui décrient les fondements de la bonne loi, qui font usage des paroles séditieuses et qui ne croient pas aux cycles des transmutations, ne reculent devant aucun acte criminel.

177. Người xan tham không thể sanh lên cõi trời, người ngu si không ưa tán dương việc bố thí, nhưng người trí thấy bố thí lại tùy hỷ công đức và tương lai họ sẽ dự hưởng phần an -lạc.

178. Người thống suất cõi đất, người làm chủ chư thiên, hết thảy vị thế chủ ấy, chẳng sánh kịp một vị đã chứng quả Tu-đà-hoàn.

177. Les personnes cupides ne peuvent pas renaître aux paradis. Celles qui sont lourds d'esprit n'approuvent pas les libéralités, tandis que les personnes spirituelles applaudissent et encouragent les libéralités des autres et méritent de ce fait une part appréciable de leur douce félicité.

178. Les souverains de ce bas-monde et ceux des paradis ont acquis leur mérite moindre que la personne qui parvient à la qualité du Sotâpana.

Phẩm mười bốn :
Phẩm Phật-đà

Chapitre quatorze : Le Bouddha

179. Chẳng ai hơn nổi người đã thắng phục dục tình. Người ấy không còn bị thất bại trở lại; huống Phật-trí mênh mông không dấu tích, các ngươi lấy gì mà hòng cám dỗ được ư?

180. Người dứt hết trói buộc, ái dục còn khó cám dỗ được họ; huống Phật-trí mênh mông không dấu tích, các ngươi lấy gì mà hòng cám dỗ được ư?

181. Người trí thường ưa tu thiền định, ưa xuất gia và ở chỗ thanh vắng. Người có chánh niệm và chánh giác bao giờ cũng được sự ái kính của Thiên nhơn.

182. Được sinh ra làm người là khó, được sống còn là khó, được nghe Chánh-pháp là khó, được gặp Phật ra đời là khó.

183. Chớ làm các điều ác, gắng làm các việc lành. Giữ tâm ý trong sạch. Ấy, lời chư Phật dạy.

184. Chư Phật thường dạy Niết-bàn là quả vị tối thượng, nhẫn nhục là khổ hạnh tối cao. Xuất gia mà não hại người khác, không gọi là xuất gia sa-môn.

179. Nul n'est au-dessus de celui qui a pu maîtriser ses instincts sexuels et qui ne fait plus d'erreur comme dans ses jeunes années. Rien ne peut l'affecter. Par quel biais empruntez –vous pour vouloir le dominer, lui qui se confond avec la très large zone de la connaissance des Bouddha ?

180. Nul ne peut affecter celui qui a pu se défaire de toutes ses attaches et de son propre instinct sexuel. Par quel biais empruntez-vous pour vouloir le dominer,lui qui se confond avec la très large zone de la connaissance des Bouddha ?

181. La personne spirituelle aime vivre dans la solitude et dans la contemplation de son esprit. La personne qui se contemple correctement dans la bonne loi, recevra toujours la considération des hommes et des saints.

182. Il est difficile d'avoir la chance d'être né homme ; il est dur de vivre une existence correcte ; il est raboteux de découvrir et de comprendre la bonne loi ; il est enfin presque impossible de rencontrer un vrai Bouddha.

183. Ne vous jeter pas dans des manœuvres criminelles ; multiplier vos efforts dans des œuvres bienfaisantes et garder votre esprit dans la sérénité ; les Bouddha enseignent ainsi.

184. Les Bouddha enseignent souvent que le nirvâna est l'ultime but, que la patience est la vertu suprême. Tout moine qui détient encore la malveillance envers autrui ne mérite pas le port de cette dénomination.

185. Chớ nên phỉ báng, đừng làm não hại giữ giới luật tinh nghiêm, uống ăn có chừng mực, riêng ở chỗ tịch tịnh, siêng tu tập thiền định. Ấy, lời chư Phật dạy.

186-187. Giả sử mưa xuống bạc vàng cũng chẳng thỏa mãn được lòng tham dục. Người trí đã biết rõ sự dâm dật vui ít mà khổ nhiều. Thế nên, dù sự dục lạc ở cõi trời, ngươi cũng chớ sinh tâm cầu mong. Đệ tử các đấng Giác ngộ, chỉ mong cầu diệt trừ ái dục mà thôi.

188-192. Vì sợ hãi bất an mà đến quy- y thần núi, quy-y rừng cây, quy-y miễu thờ thọ thần, nhưng đó chẳng phải là chỗ nương dựa yên ổn, là chỗ quy-y tối thượng, ai quy-y như thế, khổ não vẫn còn nguyên. Trái lại, quy-y Phật, Pháp, Tăng, phát trí tuệ chân chánh, hiểu thấu bốn lẽ mầu: biết khổ, biết khổ-nhân, biết khổ-diệt và biết tám chi Thánh-đạo, diệt trừ hết khổ não. Đó là chỗ quy-y an ổn, là chỗ quy-y tối thượng. Ai quy-y được như vậy, mới giải thoát khổ đau.

185. Ne vous adonner pas à la médisance ; rester dans les limites des règlements et des interdits ; observer la diète dans la nutrition ; vivre dans une sereine quiétude et vous efforcer de contempler votre propre esprit ; c'est ainsi que les Bouddha révèlent.

186-187. A supposer qu'il pleuve de l'or ou des diamants, cela n'apaiserait pas les passions bouillonnantes des gens. Les personnes spirituelles savent bien qu'une démesure de l'amour sensuel provoque plus de désolation que de félicité. C'est ainsi qu'il ne faut pas rêver aux joies sensuelles, même dans les paradis. Les disciples des Bouddha ne visent qu'à une extinction définitive de leur sensualité.

188-192. A cause de l'angoisse et de la peur que les gens prennent refuge* aux anges des montagnes, aux génies des arbres et aux autels des esprits subalternes de la longévité. Mais ces divinités ne sont pas des protecteurs efficaces et ultimes ; elles ont été impuissantes à accorder une aide appropriée et les souffrances des pauvres bougres restent inchangées. Au contraire, la prise de refuge au Bouddha, au Dharma et à la Sangha favorise une germination de la véritable connaissance permettant le prétendant de comprendre les quatre vérités saintes*, à savoir : la souffrance et ses causes, la disparition de cette souffrance au nirvâna et le chemin d'y aboutir, par le biais du noble chemin octuple* qui annihile toutes sources de maux.

C'est là, l'asile le plus sûr, l'ultime retraite. Celui qui sait appliquer cet enseignement se voit dénouer de tous ses malheurs.

193. Rất khó gặp được bậc Thánh-nhân, vì chẳng thường có. Phàm ở đâu có vị Thánh-nhân ra đời thì gia tộc đó được an lành.

194. Hạnh phúc thay đức Phật ra đời; hạnh phúc thay diễn nói Chánh-pháp; hạnh phúc thay Tăng-già hoà hợp; hạnh phúc thay dõng tiến đồng tu.

195-196. Kẻ nào cúng dường những vị đáng cúng dường, hoặc chư Phật hay đệ tử, những vị thoát ly hư vọng, vượt khỏi hối hận lo âu, công đức của người đã cúng dường các bậc tịch tịnh vô úy ấy, không thể kể lường.

193. Un homme saint ne se trouve pas dans tous les coins des rues. En quelque endroit qu'il soit, le milieu qui le voit naître, se baigne dans une douce félicité.

194. Heureux soit la naissance du Bouddha.
Heureux soit la propagation du Dharma.
Heureux soit la douce harmonie de la Sangha.
Heureux soit la ferme vitalité des adeptes du Bouddhisme.

195-196. Ceux qui portent assistance aux sages dignes d'estime tels qu'au Bouddha ou à ses adeptes, qui dans la douceur de leur sérénité ont pu se défaire de leurs erreurs et de leurs tourments inopportuns, recevront des mérites incommensurables.

Phẩm mười lăm :
Phẩm lạc

Chapitre quinze :
La félicité

197. Sung sướng thay chúng ta sống không thù oán giữa những người thù oán; giữa những người thù oán, ta sống không thù oán.

198. Sung sướng thay chúng ta sống không tật bệnh giữa những người tật bệnh; giữa những người tật bệnh, ta sống không tật bệnh.

199. Sung sướng thay chúng ta sống không tham dục giữa những người tham dục, giữa những người tham dục, ta sống không tham dục.

200. Sung sướng thay chúng ta sống không bị điều gì chướng ngại. Ta thường sống với những điều an lạc như các vị Thần ở cõi trời Quang- Âm.

201. Thắng lợi thì bị thù oán, thất bại thì bị đau khổ; chẳng màng tới thắng bại, sẽ sống một đời hoà hiếu an vui.

197. Heureux qui nous sommes, affables au milieu d'hostiles individus auxquels nous prodiguons de la tendre bienveillance.

198. Heureux qui nous sommes, en bonne santé au milieu de tant de malades, auxquels nous prodiguons de la tendre bienveillance.

199. Heureux qui nous sommes, sereins au milieu de tant de passionnés, auxquels nous prodiguons de la tendre bienveillance.

200. Heureux qui nous sommes, dépourvus de confusion. Nous évoluons ainsi dans la félicité tels les anges de l'Apramânabha*.

201. Le succès crée la haine, l'échec enfante la souffrance. Celui qui se place au-dessus de ces concepts aurait une vie emplie d'une douce félicité.

202. Không lửa nào bằng lửa tham dục, không ác nào bằng ác sân si, không khổ nào bằng khổ ngũ ấm, và không vui nào bằng vui Niết-bàn.

203. Đói là chứng bệnh lớn, vô thường là nỗi khổ lớn; biết được đúng đắn như thế, đạt đến Niết-bàn vui tối thượng.

204. Vô bệnh là điều rất lợi, biết đủ là kẻ rất giàu, thành tín là nơi chí thân, Niết-bàn là vui tối thượng.

205. Ai đã từng nếm được mùi độc cư, ai đã từng nếm mùi tịch tịnh, người ấy càng ưa nếm pháp-vị để xa lìa mọi tội ác, sợ hãi.

206. Gặp được bậc Thánh nhơn là rất quý, vì sẽ chung hưởng sự vui lành. Bởi không gặp kẻ ngu si nên người kia thường hoan hỷ.

202. Il n’y a pas de feu plus virulent que celui de la passion sensuelle. Il n’y a pas de délit plus sévère que celui de l’agressivité. Il n’y a pas de souffrance plus profonde que celle engendrée par les cinq Skandha*. Il n’y a pas de bonheur plus intense que celui perçu au nirvâna.

203. La faim est un mal incommensurable, l’impermanence de la vie est un fléau inévitable. Celui qui possède une vue correcte des phénomènes, accèdera au nirvâna, lieu où il se délasse à une douce félicité.

204. Être en bonne santé est un grand avantage ; savoir se contenter est le secret des riches ; la fidélité affermit l’amitié ; le nirvâna est la zone de félicité.

205. Celui qui a déjà goûté la douceur de la solitude et la saveur de la tranquillité, aimerait bien savourer les bonnes retombées du Dharma qui l’aideront à se défaire de ses angoisses et de ses méchancetés.

206. Connaître un saint homme constitue une chance inouïe pour tout prétendant. Comme ce dernier n’est plus à proximité d’un abruti qu’il connaîtrait des moments de félicité.

207. Đi chung với người ngu, chẳng lúc nào không lo buồn. Ở chung với kẻ ngu khác nào ở chung với quân địch. Ở chung với người trí khác nào hội ngộ với người thân.

208. Đúng thật như vậy; Người hiền trí, người đa văn, người trì giới chân thành và bậc thánh-giả là chỗ nương dựa tốt nhất cho mọi người. Được đi theo những bậc thiện-nhân hiền huệ ấy, khác nào mặt trăng đi theo đường tịnh-đạo.

207. Une personne stupide vous occasionnera des troubles incessants. Pire, elle se conduira en ennemi si jamais vous vivez avec elle. Au contraire, une personne spirituelle se comportera à vos côtés comme un parent de la famille.

208. En effet, le sage, l'intellect, l'honnête homme et les esprits saints constituent les points d'appuis les plus sûrs pour la plupart des gens. Marcher à leurs côtés est aussi paisible que plane la lune dans son sillage serein.

Phẩm mười sáu :
Phẩm hỷ-ái

Chapitre seize :
La joie sensorielle

209. Chuyên làm những việc không đáng làm, nhác tu những điều cần tu, bỏ việc lành mà chạy theo dục lạc, người như thế dù có hâm mộ kẻ khác đã cố gắng thành công, cũng chỉ là hâm mộ suông.

210. Chớ kết giao với người đáng ưa, chớ kết giao với người không đáng ưa; không gặp được người thương yêu là khổ,mà gặp phải người cừu oán cũng khổ.

211. Thế nên chớ đắm yêu, vì đắm yêu bị biệt ly là khổ. Nếu không còn những niệm yêu ghét, tức không điều gì ràng buộc được.

212. Từ hỷ-ái sinh lo, từ hỷ-ái sinh sợ; xa lìa hết hỷ-ái, chẳng còn lo sợ gì.

213. Từ tham-ái sinh lo, từ tham-ái sinh sợ; xa lìa hết tham-ái, chẳng còn lo sợ gì.

209. S'amouracher dans des travaux futiles.
S'endormir dans des conduites perverses.
Et se désister des bienfaits au profit des plaisirs sensoriels.
Une telle personne, même si elle complimente quelqu'un d'autre de ses réussites, ne le fait que d'une façon plate et insipide.

210. Ne pas vous lier d'amitié avec des personnes accommodantes, ni avec des gens détestables. Il est triste d'être éloigné d'une personne aimée; il est aussi pénible de passer sa vie aux côtés d'un ennemi.

211. En effet, ne vous adonner pas au jeu de l'amour qui enfante la souffrance lorsque les partenaires sont séparés malgré eux. Sans les notions d'amour et de haine, vous êtes absolument libérés de toutes attaches.

212. La joie sensorielle enfante les tourments ; elle engendre la peur. En se démettant de la fausse vision qu'elle occasionne, l'homme se déchargera alors de ses angoisses.

213. L'affection amoureuse enfante les tourments ; elle engendre la peur. En se démettant de la fausse vision qu'elle occasionne, l'homme se déchargera alors de ses angoisses.

214. Từ tham-dục sinh lo, từ tham-dục sinh sợ; xa lìa hết tham-dục, chẳng còn lo sợ gì.

215. Từ lạc-dục sinh lo, từ lạc-dục sinh sợ; xa lìa hết lạc-dục, chẳng còn lo sợ gì.

216. Từ ái-dục sinh lo, từ ái-dục sinh sợ; xa lìa hết ái-dục, chẳng còn lo sợ gì.

217. Đầy đủ giới hạnh và chánh kiến, an trú Chánh pháp, rõ lý Chơn thường và viên mãn các công hạnh, là người đáng kính mến.

218. Khát cầu Pháp-ly-ngôn, sung mãn tâm lự sát, không đắm mê dục lạc, ấy là bậc thượng lưu.

219-220. Người khách ly hương lâu ngày, khi từ phương xa trở về yên ổn được bà con thân hữu đón mừng thế nào, thì người tạo phước-nghiệp cũng vậy, khi từ cõi đời này sang cõi đời khác, phước-nghiệp của họ là kẻ thân hữu đón mừng họ.

214. L'affection sensorielle enfante les tourments ; elle engendre la peur. En se démettant de la fausse vision qu'elle occasionne, l'homme se déchargera alors de ses angoisses.

215. Le désir sensoriel enfante les tourments ; elle engendre la peur. En se démettant de la fausse vision qu'elle occasionne, l'homme se déchargera alors de ses angoisses.

216. L'amour charnel enfante les tourments ; elle engendre la peur. En se démettant de la fausse vision qu'elle occasionne, l'homme se déchargera alors de ses angoisses.

217. Celui qui se maîtrise, qui observe et qui se réfugie dans la bonne loi, tout en cultivant les enseignements des quatre vérités saintes, est bien la personne à qui se vouer.

218. Se passionner dans la recherche avec un esprit assoiffé d'un Dhamma véridique et se désintéresser des plaisirs sensuels, une telle personne appartient en définitive à la catégorie des gens supérieurs.

219- 220. Le voyageur qui quitte son pays natal depuis longtemps reçoit au bercail les honneurs de son retour. De même, la personne qui crée des bienfaits dans cette vie, s'étonnera sans le savoir que ses bienveillances se changeront en amis qui l'accueilleront dans l'autre.

Phẩm mười bảy :
Phẩm phẫn-nộ

Chapitre dix sept :
L'irascibilité

221. Xa bỏ lòng giận dữ, trừ diệt tánh kiêu căng, giải thoát mọi ràng buộc, không chấp trước danh sắc : người không có một vật chi ấy, sự khổ chẳng còn theo dõi được.

222. Người nào ngăn được cơn giận dữ nổi lên như dừng được chiếc xe đang chạy mạnh, mới là kẻ chế ngự giỏi, ngoài ra chỉ là kẻ cầm cương hờ mà thôi.

223. Lấy từ bi thắng nóng giận, lấy hiền lành thắng hung dữ, lấy bố thí thắng xan tham, lấy chơn thật thắng ngoa-ngụy.

224. Nói chân thật, không giận hờn, đích thân bố thí cho người đến xin. Đó là việc lành đưa người đến cõi chư Thiên.

225. Không làm hại người thanh tịnh, thường chế phục thân tâm, thì đạt đến nơi chẳng chết; chẳng còn ưu bi.

221. Se débarrasser de l'irascibilité, se décharger de l'orgueil, se défaire des attaches futiles, se désister des préjugés d'honneur ou de beauté ; la personne qui ne détient plus ces confusions, serait définitivement délivrée de toute souffrance.

222. Celui qui arrive à contrôler son irascibilité du moment, est comparable à un conducteur qui arrive à maîtriser sa voiture dans sa course rapide. Cette personne est maître de ses sens qui autrement, n'est qu'un chauffeur du deuxième ordre.

223. Faire appel à l'amour-compassion et à la miséricorde pour contrer l'irascibilité, à la sagesse pour vaincre la méchanceté, à la libéralité pour annihiler la cupidité, à l'honnêteté pour dompter la friponnerie.

224. Honnête et calme dans son comportement ; affable et enthousiaste dans les libéralités à ceux qui en sollicitent ; ces qualités constituent les clés des portes des paradis.

225. Ne blesser pas une personne sereine et maîtriser son corps et son esprit. Une telle personne accèdera à la vie éternelle, loin de toute angoisse.

226. Những người thường giác tỉnh, thường tu tập chuyên cần, thường để chí hướng tới Niết-bàn, thì mọi phiền não đều dứt sạch.

227. A-Đa-La nên biết : Đây không phải chỉ là chuyện đời nay, mà đời xưa người ta cũng từng nói : Làm thinh bị người chê, nói nhiều bị người chê, ít nói cũng bị người chê. Làm người mà không bị chê, thật là chuyện khó có ở thế gian này.

228. Toàn bị người chê cả, hay toàn được người khen cả, là điều quá khứ chưa từng có, hiện tại tìm không ra, và vị lai cũng không dễ gì thấy được.

229. Cứ mỗi buổi mai thức dậy tự biết phản tỉnh, hành động không sai quấy, trí tuệ hiền minh và giới hạnh thanh tịnh, đó là người đáng được kẻ trí tán dương.

230. Phẩm đúng loại vàng Diêm-phù ai lại chê bai được? Hạnh đúng Bà-la-môn, chư Thiên nào lại không tán thưởng?

226. Les personnes éveillées surveillent diligemment leur conduite et considèrent le nirvâna comme leur but ultime. Elles sont celles qui ignorent tout trouble ou tourment.

227. Ecoutez Adâla : « Ce n'est pas seulement dans cette vie mais déjà dans des existences antérieures qu'on a souvent raconté que les gens reprochent ceux qui gardent le silence, ceux qui s'épanchent trop et également ceux qui sont taciturnes. » Vivre sans être critiqué est une chose inexistante de ce bas monde.

228. Se faire toujours blâmer ou acclamer est une chose inexistante dans le passé, irréelle dans le présent et fantaisiste dans un avenir proche ou éloigné.

229. Aux premières heures de chaque matin, si vous pouviez réviser vos pensées et vos actions effectuées, si vous mainteniez votre esprit dans la clairvoyance et dans la sérénité des interdits, vous mériteriez certainement les louanges des personnes spirituelles.

230. Qui peut contester la qualité de ce lingot d'or provenant de la rivière Jambu ? Votre vertu est celle qu'observent les brahmanes ; quel est l'ange qui ne vous acclamera-t-il pas ?

231. Gìn giữ thân đừng nóng giận, điều phục thân hành động, xa lìa thân làm ác, dùng thân tu hạnh lành.

232. Gìn giữ lời nói đừng nóng giận, điều phục lời nói chánh nhơn, xa lìa lời nói thô ác, dùng lời nói tu hành.

233. Gìn giữ ý đừng nóng giận, điều phục ý tinh thuần, xa lìa ý hung ác, dùng ý để tu chân.

234. Người trí chẳng những lo điều phục thân nghiệp còn điều phục ngôn ngữ và tâm ý, cả ba nghiệp thảy điều phục hoàn toàn.

231. Ecarter son corps de l'irascibilité.
Garder son corps loin des méchancetés.
Détourner son corps des actions perverses.
Plier son corps vers des conduites vertueuses.

232. Dévier son langage de l'irascibilité.
Préserver son langage dans la droiture.
Eloigner son langage des méchancetés.
User de son langage pour exposer sa vue spirituelle.

233. Eloigner son esprit de l'irascibilité.
Trimer son esprit vers sa sublimité.
Soustraire son esprit des malignités.
Disposer de son esprit pour observer la bonne loi.

234. La personne spirituelle ne ménage pas seulement son corps des actions perverses ; elle aiguise également la touche de son langage et de son esprit. Corps, langage et esprit doivent être ramenés à leur propre nature sereine.

Phẩm mười tám :
Phẩm cấu-uế

Chapitre dix huit : Les impuretés

235. Ngươi nay đã giống ngọn lá héo khô; Diêm-ma sứ giả(tử thần) ở sát bên mình. Ngươi đang đứng trước ngưỡng cửa chết, bước lữ đồ ngươi thiếu hẳn tư lương.

236. Ngươi hãy tự tạo lấy cho mình một hòn đảo an toàn, gấp rút tinh cần làm kẻ khôn ngoan, gột sạch bao nhiêu phiền não trần-cấu, để bước lên thánh-cảnh hàng chư Thiên.

237. Đời sống ngươi nay sắp lụn tàn, ngươi đang dịch bước gần Diêm-vương, giữa đường đã không nơi ngơi nghỉ, bước lữ đồ ngươi cũng thiếu hẳn tư lương.

238. Ngươi hãy tạo lấy cho mình một hòn đảo an toàn, gấp rút tinh cần làm kẻ khôn ngoan, gột sạch bao nhiêu phiền não trần-cấu, chớ trở lui đường sanh lão nguy nan.

239. Hết sát-na này đến sát-na khác, người trí lo gột trừ dần những cấu-uế nơi mình như anh thợ vàng cần mẫn lọc trừ quặng bã khỏi chất vàng ròng.

235. Vous vous apparentez aujourd'hui à ces feuilles desséchées à deux pas de la mort avec les mains vides, sans la moindre provision pour votre long voyage.

236. En homme intelligent, vous devriez créer rapidement et consciencieusement un îlot solide où vous reposez ; pour ce, vous devriez vous purifier des troubles et des tourments de ce monde et vous hisser vers des zones plus éthérées.

237. Votre vie atteint bientôt son but, tout proche du jugement final. Votre périple ne connaît point de relais où vous reposez et votre sac de provisions s'avère être vide.

238. En homme intelligent, vous devriez créer rapidement un îlot solide où vous reposez ; pour ce, vous devriez vous défaire des troubles et des tourments de ce monde. Ne retournez plus vers la dangereuse voie d'autrefois de la vie et de la mort.

239. Seconde après seconde, la personne spirituelle se défait de ses impuretés à la manière dont procède l'orfèvre dans l'affinage de son lingot.

240. Như sét do sắt sinh ra rồi trở lại ăn sắt, ác nghiệp do người ta gây ra rồi trở lại dắt người ta đi vào cõi ác.

241. Không tụng tập là vết nhơ của kinh điển, không siêng năng là vết nhơ của nghiệp nhà, biếng nhác là vết nhơ của thân thể và nơi ăn chốn ở phóng túng là vết nhơ của phép hộ vệ.

242. Tà hạnh là vết nhơ của người đàn bà, xan lẫn là vết nhơ của sự bố thí; đối với cõi này hay cõi khác, thì tội ác lại chính là vết nhơ.

243. Trong hết thảy nhơ cấu đó, vô minh cấu là hơn cả. Các ngươi có trừ hết vô-minh mới trở thành hàng tỳ-kheo thanh tịnh.

244. Sống không biết xấu hổ, sống lỗ mãng như quạ diều, sống chê bai kẻ khác, sống đại đởm khoa trương, sống ngạo mạn tà ác, sống như thế ấy chẳng khó khăn gì.

240. Telle la rouille causée par la barre de fer et qui retourne ensuite à la ronger; de même, le karma néfaste activé par l'homme, l'entraîne vers les zones de malheur.

241. La négligence dans la récitation des sutra les rend stériles; l'indolence dans les œuvres utiles à autrui serait une défaillance dans toute bonnes actions ; la paresse est vue comme une imperfection de la conduite et la débauche est conçue comme une mollesse de l'esprit.

242. L'exaltation à une conduite changeante est le faible de la femme *(voir glossaire : Tà hạnh); la mesquinerie est la souillure de toute libéralité ; dans ce monde comme dans tout autre, le crime est toujours considéré comme un péché.

243. Parmi toutes ces impuretés et tous ces défauts, l'ignorance en est le plus grave. Ce n'est qu'en l'éliminant complètement qu'on accédera au niveau de moine sage et serein.

244. Vivre sans savoir ce qu'est la honte, vivre dans la grossièreté des corbeaux, vivre dans le mépris des autres, dans l'orgueil et dans la perfidie d'un étalage de biens ; vivre ainsi n'est point difficile à réaliser.

245. Sống biết hổ thẹn, sống thường cầu thanh tịnh, sống không đam mê dục lạc, sống khiêm tốn, sống trong sạch, sống dồi dào kiến thức, sống như thế mới thật là khó làm.

246-247. Trong thế gian này, ai hay sát sinh, hay nói dối, hay lấy cắp, hay phạm dâm, hay rượu chè say sưa; ai có các hành vi đó, tức đã tự đào bỏ thiện căn của mình ngay ở cõi đời nay.

248. Các ngươi nên biết: " hễ không lo chế ngăn tức là ác". Vậy các ngươi chớ tham, chớ làm điều phi pháp mà phải sa vào thống khổ đời đời.

249. Vì có tâm tính vui nên người ta mới bố thí, trái lại kẻ có tâm ganh ghét người khác được ăn, thì ngày hoặc đêm kẻ kia không thể nào định tâm được.

250. Nhưng kẻ nào đã cắt được, nhổ được, diệt được tâm tưởng ấy, thì ngày hoặc đêm, kẻ kia đều được định tâm.

245. Vivre dans la cognition de la honte, vivre dans la sérénité sans aucun désir sensuel, vivre dans la simplicité, dans la modestie, dans la chasteté et dans le bain des connaissances ; vivre ainsi est difficile à réaliser.

246-247. Dans ce bas-monde, celui qui éprouve le plaisir de tuer, de mentir, de voler, de se perdre dans les joies sensuelles illicites et dans les usages abusifs de l'alcool, un tel individu extirpe intentionnellement la racine vertueuse de sa personne.

248. Vous devez savoir que : « le défaut d'un contrôle rigoureux de sa bonne conduite équivaut à un engagement à une action malveillante. » Ainsi ne soyez pas cupide ; ne vous adonnez pas à des manœuvres illicites qui vous précipitent à jamais dans le malheur.

249. C'est avec un esprit enjoué que les gens effectuent des libéralités ; dans le cas contraire, ceux qui possèdent un esprit mesquin de voir les autres gens comblés, auront nuit et jour leur conscience exaltée.

250. Ceux qui ont pu amputer et extirper la mesquinerie de leur personne, auront nuit et jour leur esprit reposé.

251. Không lửa nào dữ bằng lửa tham dục, không cố chấp nào bền bằng tâm sân giận, không lưới nào trói buộc bằng lưới ngu si, không dòng sông nào đắm chìm bằng sông ái dục.

252. Thấy lỗi người thì dễ, thấy lỗi mình mới khó. Lỗi người, ta cố phanh tìm như tìm thóc lẫn trong gạo, còn lỗi mình, ta cố che giấu như kẻ cờ gian bạc lận thu giấu quân bài.

253. Nếu thấy lỗi người thì tâm ta dễ sinh nóng giận mà phiền não tăng thêm; nếu bỏ đi thì phiền não cũng xa lánh.

254. Giữa hư không thì làm gì có dấu vết, trong ngoại đạo thì làm gì có sa-môn, chúng sanh thì thích điều hư vọng mà Như Lai làm gì còn hư vọng.

255. Giữa hư không thì làm gì có dấu vết, trong ngoại đạo thì làm gì có sa-môn, năm uẩn thì không thường trú mà Như Lai thì chẳng loạn động bao giờ.

251. Il n'y a pas de feu plus virulent que celui d'une affection sensorielle ; il n'y a pas de préjugé plus tenace que celui engendré par un esprit agressif ; il n'y a pas de rets plus consistant que le filet de l'ignorance ; il n'y a pas de courant plus dangereux que celui de l'amour sensuel.

252. Il est facile de déceler les fautes des autres, il est tellement dur de reconnaître ses propres erreurs. Pour les égarements des autres, vous vous coupez en quatre à les mettre en lumière comme si vous cherchiez à dégager une graine non décortiquée du monceau de riz ; tandis que pour vos propres bévues, vous les cachiez à la manière d'un joueur malhonnête qui dissimule dans ses manches sa carte maîtresse.

253. En décelant les fautes des autres, votre esprit s'enflamme fortement ; de là, les troubles s'envenimeront. Mais si vous vous déterminez à oublier ces erreurs décelées, alors ces dérangements s'arrêteront d'eux-mêmes.

254. Il n'y a pas de trace dans le firmament comme il n'y a pas de moine chez les profanes ; les gens de ce monde s'entichent aux objets éphémères, laquelle conduite est absolument inexistante chez le Tathâgata.

255. Il n'y a pas de trace dans le firmament comme il n'y a pas de moine chez les profanes; les cinq Skandha* sont toujours en mouvement, tandis que le Tathâgata reste immuable.

Phẩm mười chín :
Phẩm pháp-trụ

Chapitre dix neuf :
Le dévouement au Dharma

256. Xử sự lỗ mãng đâu phải hạnh của người phụng thờ chánh-pháp; vậy các ngươi cần biện biệt cho rõ đâu chánh và đâu tà.

257. Không khi nào lỗ mãng, đúng phép và công bình mới là người dẫn đạo. Kẻ trí nhờ hộ trì chánh-pháp nên gọi là người an trụ chánh-pháp.

258. Chẳng phải cậy nhiều lời cho là người có trí, nhưng an tịnh không cừu oán, không sợ hãi mới là người có trí.

259. Chẳng phải cậy nhiều lời cho là người hộ trì chánh-pháp, nhưng tuy học ít mà do thân thực thấy chánh-pháp không buông lung, mới là người hộ trì chánh-pháp.

260. Trưởng lão chẳng phải vì bạc đầu. Nếu chỉ vì tuổi tác cao mà xưng trưởng lão, thì đó chỉ là xưng suông.

256. L'impertinence n'est pas la conduite de celui qui honore la bonne loi ; ainsi vous devriez expliquer aimablement aux autres la différence entre le sacré du profane.

257. L'impertinence n'est point le langage du pasteur qui doit être juste et explicite dans l'interprétation de la bonne loi. La personne spirituelle qui supporte et qui honore la bonne loi, est celle qui se délasse tranquillement en son sein.

258. Ce n'est pas en étant loquace qu'on se croit spirituel, mais une telle personne doit être sereine lorsqu'elle ne connaît ni haine et ni affolement, où que ce soit.

259. Ce n'est pas en étant loquace qu'on croit conférer aide et honneur à la bonne loi, fonction qui doit être réservée à la personne qui sait fuir l'incontinence, malgré son manque d'instruction.

260. Le patriarche n'est pas celui qui a une chevelure grise. Celui qui, de par son âge avancé se nomme patriarche, se l'approprie déloyalement.

261. Đủ kiến giải chân thật, giữ trọn các pháp hành, không sát hại sinh linh, lo tiết chế điều phục, đó mới là có trí: trừ hết các cấu nhơ, mới đáng danh trưởng lão.

262. Những người hư ngụy, tật đố và xan tham, tuy có biện tài lưu loát, tướng mạo đoan trang cũng chẳng phải là người lương thiện.

263. Chỉ nhờ trừ diệt tận gốc lòng sân hận, mới là người lương thiện.

264. Người vọng ngữ về pháp giới, dù cạo tóc chưa phải là Sa-môn; huống còn chất đầy tham dục làm sao thành được bậc sa-môn?

265. Người nào dứt hết các điều ác, không luận lớn hay nhỏ; nhờ dứt hết các ác, mà được gọi sa-môn.

266. Chỉ mang bình khất thực, đâu phải là Tỳ-kheo! Chỉ làm nghi thức tôn giáo, cũng chẳng Tỳ-kheo vậy!

261. Celui qui est capable d'expliquer et d'appliquer les quatre vérités saintes, qui se surveille diligemment, qui ne cherche pas à tuer les êtres vivants, qui vit dans la simplicité et dans les bonnes règles de conduite, une telle personne qui parvient à se défaire de ses impuretés, mérite bien la dénomination de patriarche.

262. Les mauvaises personnes, celles qui sont jalouses et cupides, même avec leur éloquence et leur apparence impeccables, ne sont point des gens honnêtes.

263. Ce n'est qu'après avoir annihilé toute son agressivité qu'on devient une honnête personne.

264. Celui qui se vante d'avoir connu les mondes visibles et invisibles (voir Pháp giới)*, même avec sa tête rasée, ne peut être un moine. Surtout, lorsque son esprit ne pense qu'aux désirs sensuels.

265. Celui qui arrive à annihiler sa hargne et sa méchanceté de quelque mesure qu'elles soient, peut être appelé un moine.

266. Celui qui se promène avec un bol à aumône dans les bras, ne peut être un moine. Il en est de même de celui qui performe les cérémonies religieuses.

267. Bỏ thiện và bỏ ác, chuyên tu hạnh thanh tịnh, lấy "biết" mà ở đời, mới thật là Tỳ-kheo.

268 -269. Kẻ ngu muội vô trí, dù làm thinh cũng không gọi được là người tịch tịnh. Kẻ trí tuệ sáng suốt như bàn cân, biết cân nhắc điều thiện lẽ ác mà chọn lành bỏ dữ, mới gọi là người tịch tịnh. Biết được cả nội giới và ngoại giới nên gọi là người tịch tịnh.

270. Còn sát hại chúng sanh, đâu được xưng là Ariya(hiền đức, cao thượng)? Không sát hại chúng sanh, mới gọi là Ariya.

271-272. Chẳng phải do giới luật, đầu đà, chẳng phải do nghe nhiều học rộng, chẳng phải do chứng được tam-muội, chẳng phải do ở riêng một mình, đã vội cho là " hưởng được cái vui xuất gia, phàm phu không bì kịp." Các ngươi chớ vội tin những điều ấy khi mê lầm phiền não của các ngươi chưa trừ.

267. La personne qui arrive à se défaire des bonnes et des mauvaises actions, qui vit dans la sérénité et qui sait raisonner lucidement, cette personne est en fait un vrai moine.

268-269. Un ignorant, même lorsqu'il garde le silence pour montrer son importance, ne peut être appelé une personne sereine. A l'opposé, une personne spirituelle est très perspicace. Elle est telle une balance qui peut évaluer les effets bienveillants des malveillants pour n'en adopter que les premiers. Elle est en définitive une personne sereine car elle arrive à maîtriser les interdits importants tout comme les interdits flottants de la loi.

270. Lorsqu'on ôte encore la vie des êtres vivants, on ne peut pas se faire appeler Ariya (qui veut dire noble et sage). La sagesse n'incite plus l'envie de tuer.

271-272. Ce n'est pas en respectant les règlements et les interdits, ce n'est pas en forçant son corps à des pratiques extravagantes, ce n'est pas en collectant de multiples diplômes ou en accomplissant le samâdhi*, ce n'est pas en restant seul dans la forêt profonde, qu'on se permet de proclamer « qu'on acquiert la paix sereine de l'esprit, à un niveau supérieur des autres mortels. » Ne soyez pas naïf de se fier à ces faux-semblants lorsque vous n'avez pas annihilé tous les troubles et les tourments qui sont encore en vous.

Phẩm hai mươi :
Phẩm đạo

Chapitre vingt :
La voie

273. Bát-Chánh-Đạo là Đạo thù thắng hơn các đạo, Tứ-đế là lý thù thắng hơn các lý, ly dục là pháp thù thắng hơn các pháp, Cụ-nhãn là bậc thù thắng hơn các bậc thánh hiền.

274. Chỉ có con đường này, chẳng còn con đường nào khác có thể làm cho tri kiến các ngươi thanh tịnh. Các ngươi thuận làm theo, thì bọn ma bị rối loạn.

275. Các ngươi thuận tu theo Chánh-Đạo trên này, thì khổ não sẽ dứt hết, và biết rằng Đạo ta nói có sức trừ diệt chông gai.

276. Các ngươi hãy nổ lực lên! Như Lai chỉ dạy cho con đường giác-ngộ chứ không giác-ngộ thế cho ai được. Sự trói buộc của ma-vương sẽ tùy sức thiền định của các ngươi mà được cởi mở.

277. " Các hành đều vô thường"; khi đem trí tuệ soi xét được như thế thì sẽ nhàm lìa thống khổ. Đó là Đạo thanh-tịnh.

273. Le noble chemin octuple* est la voie supérieure par excellence, les quatre vérités saintes* sont les évidences les meilleures, le reniement aux plaisirs sensuels est le plus grand désistement des renoncements, le Tathâgata est le plus grand de tous les saints.

274. Il n'y a que cette voie (les quatre vérités saintes et le noble chemin octuple), et non aucune autre qui puisse ramener votre esprit exalté vers sa sérénité. En la pratiquant, vous mettriez en déroute toutes les forces négatives.

275. En pratiquant le noble chemin octuple, vous découvrirez que toutes vos souffrances s'éteindront d'elles- mêmes. Cela est la preuve que la voie que je vous ai montrée a le pouvoir d'éliminer toutes les épines incommodantes.

276. Efforcez-vous davantage ! Le Tathâgata vous montre la voie de la délivrance, il ne peut acquérir la sainteté pour qui que ce soit. Les attaches des forces négatives se disloqueront en miettes suivant l'ardeur que vous mettriez dans la contemplation de votre esprit.

277. « Toutes les manifestations*(voir Pháp) sont éphémères. » Lorsque votre esprit atteint ce niveau de compréhension, il cessera de suite de souffrir. C'est là, le chemin de la sérénité.

278. “ Các hành đều là khổ”; khi đem trí tuệ soi xét được như thế thì sẽ nhàm lìa thống khổ. Đó là Đạo thanh-tịnh.

279. “ Hết thảy pháp đều vô-ngã ”, khi đem trí tuệ soi xét được như thế thì sẽ nhàm lìa thống khổ. Đó là Đạo thanh-tịnh.

280. Khi đáng nổ lực không nổ lực, thiếu niên cường tráng đã lười biếng, ý chí tiêu trầm và nhu nhược: Kẻ biếng nhác làm gì có trí để ngộ Đạo.

281. Thận trọng lời nói, kiềm chế ý nghĩ, thân không làm ác, ba nghiệp thanh tịnh, là được Đạo Thánh nhơn.

282. Tu Du –già thì trí phát, bỏ Du-già thì tuệ tiêu. Biết rõ hay lẽ này thế nào là đắc thất, rồi nổ lực thực hành, sẽ tăng trưởng thêm trí tuệ.

278. « Toutes les manifestations * sont les germes de la souffrance. » Lorsque votre esprit atteint ce niveau de compréhension, il cessera de suite de souffrir. C'est là, le chemin de la sérénité.

279. « Tous les phénomènes *(voir Pháp) sont démunis du moi. » Lorsque votre esprit atteint ce niveau de compréhension, il cessera de suite de souffrir. C'est là, le chemin de la sérénité.

280. Quand il faut s'efforcer, il s'esquive; si le jeune vigoureux garde encore en lui les germes de paresse et un esprit alangui, il n'aura point assez d'esprit pour parcourir le long chemin de la bonne loi.

281. Être prudent dans son langage, contrôler son esprit * et éloigner son corps des futiles cruautés ; ces trois bonnes conduites vous engageront dans le chemin de la sainteté.

282. La tranquillité de l'esprit l'aide à s'épanouir tandis que son agitation dilue toute sorte de connaissance. Bien saisir cette clé de la réussite et après l'avoir consciencieusement observé, votre savoir ne fait qu'amplifier.

283. Hãy đốn rừng dục vọng, chớ đốn cây thọ lâm; từ dục vọng sinh ra lo sợ, hãy thoát ngoài rừng dục vọng.

284. Những sợi dây tình giữa gái trai chưa dứt thì tâm còn bị ràng buộc, như con trâu còn bú sữa, thì chẳng rời vú mẹ bao giờ.

285. Tự mình dứt hết ái tình, như lấy tay bẻ cành sen thu; siêng tu Đạo tịch tịnh. Đó là Niết-bàn mà đức Thiện-Thệ đã truyền dạy.

286. " Mùa mưa ta ở đây, đông, hạ ta cũng ở đây", đấy là tâm tưởng của hạng người ngu si, không tự giác những gì nguy hiểm.

287. Người đắm yêu con cái và súc vật thì tâm thường mê hoặc, nên bị tử thần bắt đi như xóm làng đang say ngủ bị cơn nước lũ lôi cuốn mà không hay.

283. Il vaut mieux préserver les arbres précieux mais détruiser plutôt la forêt des désirs sensuels qui fomentent la peur. Ne vous endormez pas dans ce fourré de passions !

284. Lorsque les attaches amoureuses des vivants ne sont pas encore coupées, leurs esprits restent enlacés tel ce bouvillon entremêlé entre les jambes de sa mère.

285. Se démettre de l'amour sensuel comme on casse en automne la longue tige de lotus et s'adonner avec ferveur à la sérénité de la bonne loi. C'est là le nirvâna dont parle le Bouddha.

286. « Je reste ici durant la mousson, je serai ici en été comme en hiver » ; c'est là l'esprit des aveugles ignorant des dangers qui les menacent.

287. Ceux qui s'entichent de leurs rejetons comme de leurs animaux favoris, ont leur esprit en somnolence, tels des villages endormis emportés par des déluges foudroyants.

288. Một khi tử thần đã đến, chẳng thân thuộc nào có thể thế thay, dù cha con thân thích, chẳng làm sao cứu hộ.

289. Biết rõ lý lẽ trên, người trí hãy gắng trì giới, thấu hiểu đường Niết-bàn, mau làm cho thanh tịnh.

288. Une fois que la mort arrive à vos côtés, personne ne peut vous remplacer ; même pas les êtres les plus chers, personne n'est capable de vous sauver.

289. Connaissant les raisons susmentionnées, la personne spirituelle s'efforce de rester dans les limites de la bonne loi, de comprendre la voie du nirvâna et de se hâter dans la maîtrise de sa sérénité.

Phẩm hai mươi mốt :
Phẩm tạp

Chapitre vingt et un : Divers

290. Nếu bỏ vui nhỏ mà được hưởng vui lớn, kẻ trí sẽ làm như thế.

291. Gieo khổ cho người để cầu vui cho mình, sẽ bị lòng sân hận buộc ràng, không bao giờ thoát khỏi nỗi oán tăng.

292. Việc đáng làm không làm, việc không đáng lại làm, những người phóng túng ngạo mạn, lậu tập mãi tăng thêm.

293. Thường quan sát tự thân, không làm việc không đáng, việc đáng gắng chuyên làm, thì lậu tập dần tiêu tan.

294. Hãy diệt mẹ (ái dục) và cha (kiêu căng), diệt hai vua giòng Sát-đế-lợi, diệt Vương quốc luôn cả quần thần mà hướng về Bà-la-môn vô ưu.

290. Se résigner à un menu plaisir au profit d'un bonheur plus grand, la personne spirituelle l'adopte sans ambages.

291. Semer la souffrance à une tierce personne et à son propre avantage, engendre une hostilité qui se changera à sa maturité en haine féroce qui poursuit toujours le délinquant.

292. Celui qui effectue des manœuvres oiseuses au lieu d'œuvres utiles à autrui, cet orgueilleux dépravé amasse de jour en jour d'immenses amas de troubles et de tourments.

293. Celui qui dirige son regard profondément sur lui-même, qui ne s'abandonne pas à des manœuvres oiseuses mais qui s'adonne à des œuvres utiles à autrui, voit ses troubles et ses tourments se dissiper.

294. Eliminez la sensualité maternelle et l'arrogance paternelle * (voir glossaire : cha kiêu căng), détruisez les discussions considérées comme banales ou simplistes qui sont les deux grandes branches de la royauté,* supprimez également l'immense territoire* par où découlent les désirs et la sensualité, pour vous orienter vers la condition de brahmane serein.

295. Hãy diệt mẹ (ái dục) và cha (kiêu căng), diệt hai vua dòng Bà-la-môn, diệt luôn hổ tướng "nghi" thứ năm mà hướng về Bà-la-môn vô ưu.

296. Đệ tử Kiều-Đáp-Ma, phải luôn tự tỉnh-giác, vô luận ngày hay đêm, thường niệm tưởng Phật-Đà.

297. Đệ tử Kiều-Đáp-Ma, phải luôn tự tỉnh-giác, vô luận ngày hay đêm, thường niệm tưởng Đạt-ma.

298. Đệ tử Kiều-Đáp-Ma, phải luôn tự tỉnh-giác, vô luận ngày hay đêm, thường niệm tưởng Tăng-già.

299. Đệ tử Kiều-Đáp-Ma, phải luôn tự tỉnh-giác, vô luận ngày hay đêm, thường niệm tưởng sắc thân.

300. Đệ tử Kiều-Đáp-Ma, phải luôn tự tỉnh-giác, vô luận ngày hay đêm, thường vui điều bất sát.

295. Eliminez la sensualité maternelle et l'arrogance paternelle* (voir glossaire : cha kiêu căng), détruisez les discussions considérées comme banales ou simplistes qui sont les deux grandes branches du roi Brahman*, supprimez également son cinquième général qu'est la méfiance*, pour vous orienter vers la condition de brahmane serein.

296. Les disciples de Gautama*doivent en tout temps, être en éveil matin et soir à méditer au Bouddha.

297. Les disciples de Gautama doivent en tout temps, être en éveil matin et soir à méditer au Dhamma.

298. Les disciples de Gautama doivent en tout temps, être en éveil matin et soir à méditer à la Sangha*.

299. Les disciples de Gautama doivent en tout temps, être en éveil matin et soir à méditer aux insalubrités du corps.

300. Les disciples de Gautama doivent en tout temps, être en éveil matin et soir à effectuer dans le contentement des actions fondées sur la non-violence.

301. Đệ tử Kiều-Đáp-Ma, phải luôn tự tỉnh-giác, vô luận ngày hay đêm, thường ưa tu thiền-quán.

302. Xuất gia bứt hết ái dục là khó, tại gia theo đường sinh hoạt là khó, không phải bạn mà chung ở là khổ, qua lại trong vòng luân-hồi là khổ. Vậy các ngươi đừng qua lại trong vòng khổ thống ấy.

303. Chánh tín mà giới hạnh, được danh dự và thánh- tài; người nào được như thế, đến đâu cũng tôn vinh.

304. Làm lành thì danh được vang xa, tỏ rạng như lên núi tuyết, làm ác thì tối tăm như bắn cung ban đêm.

305. Ngồi một mình, nằm một mình, đi đứng một mình không buồn chán, một mình tự điều luyện, vui trong chốn rừng sâu.

301. Les disciples de Gautama doivent en tout temps, être en éveil matin et soir à s'adonner dans la contemplation de leur esprit.

302. Il n'est pas aisé à un moine de se détacher de tous ses désirs sensuels comme il est difficile à un fidèle bouddhiste d'observer la sagesse au cours de son existence. Vivre aux côtés d'un ennemi soulève des frictions douloureuses qui se multiplient lors des passages répétés dans ce monde des transmutations. Ainsi ne commettez pas cette erreur d'effectuer des « va-et-vient » incessants en cet endroit malsain.

303. La personne qui possède une foi correct et une conduite irréprochable, obtiendra les vertus de la sainteté et sera honorée en quelque endroit qu'elle soit.

304. Le bon sera connu à des milles de distance ; sa renommée brille comme si elle est reflétée par les neiges des montagnes ; à l'opposé le méchant se retrouvera dans les ténèbres à fomenter des troubles tel un archer lâchant sa flèche dans le noir obscur.

305. Toujours heureux lorsqu'il s'assied, lorsqu'il s'allonge, ou lorsqu'il marche, le sage pratique sans se lasser la contemplation de lui-même, dans la forêt profonde.

Phẩm hai mươi hai :
Phẩm địa ngục

Chapitre vingt deux : L’enfer

306. Thường nói lời vọng ngữ, có làm mà nói không; người tạo hai nghiệp ấy, chết cũng đọa địa ngục.

307. Không ngăn trừ ác hạnh thì dù mặc áo cà-sa, người ác cũng sẽ vì nghiệp ác, chết phải đọa địa ngục.

308. Phá giới chẳng tu hành, thà nuốt huờn sắt nóng hừng hực lửa đốt thân còn hơn thọ lãnh các tín thí.

309. Buông lung theo tà dục, sẽ chịu bốn việc bất an : mắc tội, ngủ không yên, bị chê, đọa địa ngục.

310. Vô phước, đọa ác-thú, bị khủng bố, ít vui, quốc vương kết trọng tội: đó là kết quả của tà dâm. Vậy chớ nên phạm đến.

306. Proclamer des mensonges aberrants et débiter continuellement des faussetés; celui qui s'amuse à ces machinations, se retrouve après sa mort en enfer.

307. Celui qui n'arrive pas à réprimer ses ignobles méfaits se retrouvera en enfer même si dans cette vie il est moine ou prêtre car tout le monde doit répondre de ses actions.

308. Celui qui n'observe pas les interdits et qui se laisse- aller à l'incontinence tout en portant la robe, se retrouve mieux en enfer à avaler les billes d'acier incandescentes que de compter sur les aumônes de ses fidèles.

309. Celui qui se laisse emporter par les désirs sensuels illicites, s'accroche de ce fait à quatre insalubrités que sont : le ressentiment d'être fautif, l'insomnie causée par l'excitation, le blâme de ses proches, le passage en enfer.

310. Malheur à celui qui se retrouve un jour dans le monde animal en butte à de maintes épouvantes et à de longues journées de désenchantement, verdict de son propre corps qu'est le résultat d'un amour illicite consommé. Ainsi, ne commettez pas cette grave erreur.

311. Cũng như vụng nắm cỏ cô-sa(cỏ thơm) thì bị đứt tay, làm sa-môn mà theo tà hạnh thì bị đọa địa ngục.

312. Những người giải-đãi, nhiễm ô và hoài nghi việc tu phạm hạnh, sẽ không làm sao chứng thành quả lớn.

313. Việc đáng làm hãy làm cho hết sức ! Phóng đãng và rong chơi chỉ tăng thêm trần dục mà thôi.

314. Không tạo ác nghiệp là hơn, vì làm ác nhất định thọ khổ; làm các thiện nghiệp là hơn, vì làm lành nhất định thọ vui.

315. Như thành quách được phòng hộ thế nào, tự thân các ngươi cũng phải nên phòng hộ như thế. Một giây lát cũng chớ buông lung. Hễ một giây lát buông lung là một giây lát sa đọa địa ngục.

311. En maladroit, il prend la touffe d'herbe kosa et taillade sa main ; de même, tout moine qui suit la voie des erreurs néfastes, doit se retrouver en enfer.

312. Les paresseux, les délictueux et les méfiants de la bonne loi, ne pourront jamais atteindre le niveau éthéré des saints.

313. Efforcez-vous davantage dans l'accomplissement des œuvres utiles à autrui ! Si vous perdez votre temps dans les libertinages et dans la débauche, vous ne créerez en fin de compte que d'inutiles attaches sensorielles avec ce monde.

314. Il vaut mieux ne pas créer des méfaits qui engendrent inévitablement la souffrance ; par contre, les bienfaits sont utiles dans l'agencement des joies de la vie.

315. Telles les cités fortifiées, votre propre corps doit être protégé de la même façon. Ne vous adonnez pas à l'incontinence ne serait-ce qu'un instant, car chaque laps de temps de votre égarement équivaut à la même durée de votre passage en enfer.

316. Không đáng hổ lại hổ, việc đáng hổ lại không; cứ ôm tà kiến ấy, địa ngục khó lánh xa.

317. Không đáng sợ lại sợ, việc đáng sợ lại không; cứ ôm tà kiến ấy, địa ngục khó lánh xa.

318. Không lỗi tưởng là lỗi, có lỗi lại tưởng không; cứ ôm tà kiến ấy, địa ngục khó lánh xa.

319. Lỗi biết rằng lỗi, không lỗi biết rằng không lỗi; giữ tâm chánh kiến ấy, đường lành thấy chẳng xa.

316. « S'humilier devant une bonne action et donner raison à une action humiliante » ; celui qui possède une vue si erronée des choses, ne s'échappera pas de l'enfer.

317. « S'alarmer devant une affaire sereine et rester impassible devant une situation offensante» ; celui qui possède une vue si erronée des choses, ne s'échappera pas de l'enfer.

318. « Se croire fautif pour une chose anodine et se proclamer innocent d'un délit grave » ; celui qui possède une vue si erronée des choses, ne s'échappera pas de l'enfer.

319. « Penser convenablement et honnête dans ses jugements » ; celui qui garde son esprit dans une vue correcte des choses, se promène sur le chemin de la sérénité.

Phẩm hai mươi ba :
Phẩm voi

Chapitre vingt et trois : L'éléphant

320. Voi xuất trận nhẫn chịu cung tên như thế nào, ta đây thường nhẫn chịu mọi điều phỉ báng như thế ấy. Thật vậy, đời rất lắm người phá giới,(thường ghét kẻ tu hành).

321. Luyện được voi để đem dự hội, luyện được voi để cho vua cỡi là giỏi, nhưng nếu luyện được lòng ẩn nhẫn trước sự chê bai, mới là người có tài điêu luyện hơn cả mọi người.

322. Con la thuần tánh là con vật lành tốt, con tuấn mã Tín-độ là con vật lành tốt, con voi lớn Kiều-la cũng là con vật lành tốt, nhưng kẻ đã tự điêu luyện được mình lại càng lành tốt hơn.

323. Chẳng phải nhờ xe hay ngựa mà đến được cảnh giới Niết-bàn; chỉ có người đã điêu luyện lấy mình mới đến được Niết-bàn thôi.

324. Con voi tên Tài-hộ (Mhamapala=hộ vệ tài sản) đến kỳ phát dục thì lung-lăng khó trị, khó buộc trói, lại ăn nhiều và tâm thường nhớ mẹ ở rừng sâu.

320. J'ai essuyé dans le passé toutes les médisances injustifiées comme les éléphants de guerre encaissant toutes les flèches ennemies. En effet, ce monde pullule de gens qui ne suivent pas la bonne voie et qui attaquent ceux qui sont mieux qu'eux, portant la robe ou non.

321. Ceux qui dressent les éléphants pour les compétitions ou qui les entraînent pour le service du roi, sont des entraîneurs émérites. Mais si vous pouvez garder votre patience devant de fausses accusations , vous serez alors un plus grand instructeur qu'eux tous.

322. La mule est un animal docile et précieux ; le splendide cheval du Sindha* est rare ; le grand éléphant du Kunjara* est très recherché. Cependant celui qui arrive à se contrôler s'avère être plus intéressant qu'eux tous.

323. Ce n'est pas à cheval ou en voiture qu'on arrive au nirvâna mais le succès appartient plutôt à celui qui réussit à se contrôler.

324. L'éléphant domestique Mhamapala devient féroce en période de rut. Il consomme avidement sa nourriture et casse les cordages pour s'échapper dans la forêt comme si, soudainement il pense à sa mère et court la chercher.

325. Như heo kia ưa ngủ, lại tham ăn, kẻ phàm-ngu vì tham ăn ưa ngủ, nên phải bị tiếp tục sanh mãi trong vòng luân-hồi.

326. Trong những thời quá khứ, ta cũng thường thả tâm theo dục lạc, tham ái và nhàn du, nhưng nay đã điều phục được tâm ta như con voi đã bị điều phục dưới tay người quản tượng tài giỏi.

327. Hãy vui vẻ siêng năng, gìn giữ tự tâm để tự cứu mình ra khỏi nguy nan, như voi gắng sức để vượt khỏi chốn sa lầy.

328. Nếu gặp bạn đồng hành hiền lương, giàu trí lự, hàng phục được gian nguy, thì hãy vui mừng mà đi cùng họ.

329. Nếu không gặp được bạn đồng hành hiền lương, giàu trí lự, thì hãy như vua tránh nước loạn, như voi bỏ về rừng.

325. Comme un cochon qui passe son temps à manger et à dormir, ce pauvre bougre est entraîné dans d'éternels cycles des réincarnations suite à sa gloutonnerie et à son perpétuel assoupissement.

326. Dans les temps révolus, j'ai souvent laissé mon esprit folâtrer dans les désirs et dans les amours de la sensualité ainsi que dans les voyages délicieux mais aujourd'hui, j'arrive à contrôler mes appétences tel un dompteur talentueux qui arrive à apprivoiser son éléphant.

327. Soyez heureux et assidu dans l'attention de votre esprit qui aide à votre évasion hors de ce monde de troubles, à la façon dont l'éléphant se débat vigoureusement pour sortir d'un endroit embourbé.

328. Si vous êtes assez chanceux de rencontrer un ami de parcours honnête, sage et perspicace dans la résolution des traverses de la vie, soyez heureux de marcher avec lui.

329. Si vous n'avez pas la chance de rencontrer un ami de parcours honnête, sage et perspicace dans la résolution des traverses de la vie, comportez-vous alors comme les souverains qui fuient leur pays en temps de guerre ou comme les éléphants qui se retournent dans la forêt.

330. Thà ở riêng một mình hơn cùng người ngu kết bạn. Ở một mình còn rảnh rang khỏi điều ác dục, như voi một mình thênh thang giữa rừng sâu.

331. Gặp bạn xa lâu ngày là vui, sung túc phải lúc là vui, mệnh chung có được thiện nghiệp là vui, lìa hết thống khổ là vui.

332. Được kính dưỡng mẹ hiền là vui, kính dưỡng thân phụ là vui, kính dưỡng Sa-môn là vui, kính dưỡng Thánh nhơn là vui.

333. Già vẫn giữ giới là vui, thành tựu chánh tín là vui, đầy đủ trí tuệ là vui, không làm điều ác là vui.

330. Il est préférable de vivre dans la solitude que d'avoir pour ami un être stupide. Comme cet éléphant solitaire, vous vivez paisiblement dans la forêt profonde, loin des plaisirs malsains.

331. Quiconque rencontre un ami de longue date a de la chance ; quiconque s'enrichit en temps opportun est bienheureux; quiconque meurt avec un bagage garni de bienfaits est fortuné ; il est bon de se débarrasser de tous ses malheurs.

332. Il est chanceux de pouvoir servir sa mère; il est bienheureux de pouvoir assister à son père ; il est bon de rendre service à un moine ; il est fortuné d'aider une personne sainte.

333. Il est chanceux de pouvoir observer les interdits dans ses vieux jours ; il est bienheureux d'avoir une foi correcte ; il est bon d'accéder à des connaissances ; il est fortuné de ne pas commettre des actes malveillants.

Phẩm hai mươi bốn : Phẩm ái-dục

Chapitre vingt et quatre :
La volupté

334. Nếu buông lung thì tham ái tăng lên hoài như giống cỏ Tỳ-la-na mọc tràn lan, từ đời này tiếp đến đời nọ như vượn chuyền cây tìm trái.

335. Nếu ở thế gian này, mà bị ái dục buộc ràng, thì những điều sầu khổ càng tăng mãi như loài cỏ Tỳ-la gặp mưa.

336. Nếu ở thế gian này, mà hàng phục được những ái dục khó hàng phục, thì sầu khổ tự nhiên rụng tàn như nước giọt lá sen.

337. Đây là sự lành mà Ta bảo với các ngươi: các ngươi hãy dồn sức vào để nhổ sạch gốc ái dục, như người muốn trừ sạch giống cỏ Tỳ-la phải nhổ hết gốc nó. Các ngươi chớ lại để bị ma làm hại như loài cỏ lau gặp cơn hồng thủy !

338. Đốn cây mà chưa đào hết gốc rễ thì tược vẫn ra hoài, đoạn trừ ái dục mà chưa sạch căn gốc thì khổ não vẫn sanh trở lại mãi.

334. Tel le développement exagéré des mauvaises herbes tylana, l'incontinence exalte indéfiniment l'intensité de la volupté d'une existence à une autre tel le balancement incessant des gibbons sur les branches des arbres en quête de leur nourriture.

335. Si vous êtes ligoté à la volupté de ce monde, vous seriez alors tourmenté par d'éternelles misères tel le développement imposant des herbes tylana après une pluie.

336. Si vous pouvez dominer votre volupté considérée comme récalcitrante, alors les misères s'émietteront comme les gouttes d'eau brisées sur les feuilles de lotus.

337. Ecoutez bien ce sage conseil : « Il faut vous efforcer dans l'évincement des souches de la plante volupté de la façon dont vous extirpez les racines de l'herbe tylana pour l'éliminer de fond en comble. Ne vous laissez pas vous compromettre par les forces négatives qui vous inondent de leurs traitres effets tels que nagent les joncs dans les marées. »

338. Si vous coupez les arbres sans en extirper toutes leurs racines, de nouvelles pousses se proliféreront ; si vous voulez étouffer la volupté sans en enlever ses souches profondes, alors de nouvelles misères réapparaîtront inévitablement.

339. Những người có đủ 36 dòng ái dục, họ mạnh mẽ dong ruổi theo dục cảnh chẳng chút ngại ngùng, bởi vậy, người đã có tâm tà kiến, hằng bị những tư tưởng ái dục làm trôi giạt hoài.

340. Lòng ái dục tuôn chảy khắp nơi như giống cỏ Man-la mọc tràn lan mặt đất. Ngươi hãy xem giống cỏ đó để dùng tuệ-kiếm đoạn hết căn gốc ái dục đi.

341. Người đời thường vui thích theo ái dục, ưa dong ruổi lục-trần, tuy họ có hướng cầu an lạc mà vẫn bị quanh quẩn trong chốn trầm luân.

342. Những người trì trục theo ái dục khác nào thỏ bị sa lưới. Càng buộc ràng với phiền não, càng chịu khổ lâu dài.

343. Những ngườ trì trục theo ái dục, khác nào thỏ bị sa lưới. Hàng tỳ-kheo vì cầu vô dục nên phải tự gắng lìa dục.

339. Les trente six embranchements de l'arbre volupté (voir glossaire) assistent fortement l'homme dans sa poursuite effrénée des plaisirs de ce monde. Ainsi ceux qui possèdent des idées perverses se laissent souvent entraîner par des imaginations erronées de ce courant imposant.

340. La source de la volupté répand sa fraîcheur dans tous les recoins de la façon dont propagent les mauvaises herbes Manla. Observez bien leur développement ; cela vous convaincra dans la décision de leur enrayement à l'aide de votre épée de la connaissance.

341. L'homme aime s'attacher aux attraits de la volupté et s'assujettir aux intérêts virtuels de ce monde. Bien qu'une précaire attirance l'ait séduit occasionnellement vers une douce tranquillité, il se laisse souvent emporter par un plus fort courant qui l'immerge à jamais en ce lieu de perdition.

342. Ceux qui sont ligotés à la volupté, se débattent comme des lièvres pris dans les filets. Plus ils s'entortillent dans les misérables cordes et plus ces dernières se resserreront davantage.

343. Ceux qui sont ligotés à la volupté, se débattent comme des lièvres pris dans les filets. Les moines bouddhistes par leurs vœux de se désister de tous les désirs, doivent éviter cette chausse-trappe.

344. Người đã lìa dục xuất – gia, vui ở chốn sơn lâm, rồi trở lại nhà; ngươi hãy xem hạng người đó, kẻ đã được mở ra rồi lại tự trói vào!

345. Đối với người trí, sự trói buộc bằng dây gai, bằng cây, bằng sắt chưa phải kiên cố, chỉ có lòng luyến ái vợ con tài sản mới thật là sự trói buộc chắc bền.

346. Những kẻ dắt người vào sa đọa, là như sự trói buộc chắc bền, nó hình như khoan dung hòa hưởn mà thật khó lòng thoát ra. Hãy đoạn trừ đừng dính mắc, lìa dục mà xuất-gia.

347. Những người say đắm theo ái dục, tự lao mình trong lưới buộc như nhện giăng tơ. Ai dứt được sự buộc ràng không còn dính mắc nữa, thì sẽ xa mọi thống khổ để ngao du tự tại.

348. Bỏ quá khứ, hiện tại, vị lai mà vượt qua bờ kia; tâm đã giải thoát tất cả, thì không còn bị sanh già trở lại.

344. La personne qui s'adonne aux vœux de moine et qui vit dans la sérénité des montagnes loin de la volupté, renie par hasard ses engagements pour recouvrer ses occupations habituelles. Regarder donc cet insensé, qui a recouvré sa liberté, et qui s'amuse à remettre sur lui le licou de la domesticité !

345. Au regard de la personne spirituelle, les attaches en lianes, en bois ou en anneaux de fer ne sont point solides. La chaîne la plus consistante est le licou des conjoints, de leurs progénitures et de leur fortune.

346. Ceux qui entraînent les autres vers la débauche, se comportent comme de solides chaînes qui sous leur relâchement artificiel, maintiennent indéfectiblement leurs victimes. Ainsi, ne liez pas amitié avec eux ; coupez leur tout contact et adonnez vous aux vœux d'un moine dans la continence.

347. Ceux qui s'enivrent à la volupté se jettent en suicidaire dans les filets qui les maintiennent solidement comme s'ils ont été pris dans les toiles d'araignées. Seulement, celui qui arrive à s'y échapper se défait de toutes les misères pour déambuler librement dans la sérénité.

348. Oublier le passé, comprimer le présent et ignorer le futur pour gagner l'autre rive. Ce n'est que lorsque votre esprit se vide de son contenu que la réincarnation lâche toute son emprise.

349. Những kẻ bị tư tưởng xấu ác làm tao loạn, thường cầu mong dục lạc thật nhiều. Mong dục lạc tăng nhiều là tự trói mình càng thêm chắc chắn.

350. Muốn lìa xa ác-tưởng hãy thường nghĩ tới bất tịnh. Hãy trừ hết ái dục, đừng để ác-ma buộc ràng.

351. Bước tới chỗ cứu kính thì không còn sợ hãi; xa lìa ái dục thì không còn nhiễm ô: nhổ lấy mũi tên sanh hữu thì chỉ còn một thân này là cuối cùng, không bị tiếp tục sanh nữa.

352. Xa lìa ái dục không nhiễm trước, thông đạt từ-vô-ngại, thấu suốt nghĩa vô ngại, pháp vô ngại, và thứ lớp của tự cú, đó là bậc đại-trí đại trượng phu, chỉ còn một thân này là cuối cùng, không bị tiếp tục sanh nữa.

349. Ceux dont l'esprit a été possédé par les idées perverses, pensent souvent à des joies sensuelles qui constituent leur nourriture spirituelle. Seulement, plus ces agréments s'accentuent et plus leurs bénéficiaires vont être pris solidement dans leurs propres filets.

350. Pour vous libérer des idées néfastes pensez donc à leurs insalubrités. Annihiler tous les rêves érotiques qui assistent aux forces négatives qui vous ligotent.

351. Lorsque vous parvenez à votre finale destination de la sainteté, vous vous démettez de la peur. Loin des désirs sensuels, vous ne contacterez aucun autre péché. En arrachant la flèche de la vie et de la mort qui vous assomme, vous n'aurez plus que cette dernière existence à passer ; le cycle des transmutations ne vous incombera plus jamais.

352. Fuir l'amour sensuel, fuir ! Ne vous y attacherez plus jamais. Vous comprendrez alors le sens des mots obscurs (Nirutti), vous vous approfondirez à leur signification, à l'enseignement du Dhamma, à la discipline de la rhétorique (Patibhana) pour devenir une personne supérieure, celle qui n'a que cette dernière existence à passer sans jamais retourner dans le monde des transmutations.

353. Ta đã hàng phục tất cả, Ta đã rõ biết tất cả, Ta không nhiễm một pháp nào, Ta xa lìa hết thảy, diệt dục mà giải thoát và tự mình chứng ngộ, thì còn ai là thầy ta nữa?

354. Trong các cách bố-thí, pháp-thí là hơn cả; trong các chất vị, pháp-vị là hơn cả; trong các hỷ-lạc, pháp-hỷ là hơn cả; người nào trừ hết mọi ái dục là vượt trên mọi đau khổ.

355. Giàu sang chỉ làm hại người ngu chứ không phải để cầu sang bờ giác. Người ngu bị tài-dục hại mình như mình đã vì tài-dục hại người khác.

356. Cỏ làm hại rất nhiều ruộng vườn, tham-dục làm hại rất nhiều thế nhân. Vậy nên bố thí cho người lìa tham, sẽ được quả-báo lớn.

353. J'ai vaincu ce qui doit être maîtrisé. Je connais à fond tous les phénomènes * et aucun d'eux ne pourrait plus m'infléchir. J'ai pratiqué le lâcher-prise * absolu, je me suis libéré de tous les désirs sensuels et à la fin du chemin, j'ai découvert seul la voie de la sainteté. Qui pourrait encore être mon enseignant ?

354. Parmi toutes les libéralités, l'aumône du Dhamma est la meilleure ; parmi tous les goûts, celui du Dhamma est supérieur ; parmi toutes les joies, celle du Dhamma est la quintescence. Celui qui arrive à annihiler ses désirs sensuels, surmonte alors toutes ses misères.

355. La richesse ne fait que nuire les pauvres bougres sans jamais les aider à accéder à l'autre rive de la connaissance. Ces ignorants ont essuyé des préjudices causés par la passion et la fortune exactement comme ils ont, à cause de ces mêmes contingences, perpétués des méfaits aux autres personnes.

356. Les mauvaises herbes nuisent les vergers et les rizières ; les désirs sensuels compromettent bien de gens innocents. Ainsi, attribuer des libéralités à des personnes intègres suscitera des karma bienfaisants.

357. Cỏ làm hại rất nhiều ruộng vườn, ŝn nhuế làm hại rất nhiều thế nhân. Vậy nên bố thí cho người lìa sân , sẽ được quả-báo lớn.

358. Cỏ làm hại rất nhiều ruộng vườn, ngu si làm hại rất nhiều thế nhân. Vậy nên bố thí cho người lìa si, sẽ được quả-báo lớn.

359. Cỏ làm hại rất nhiều ruộng vườn, ái dục làm hại rất nhiều thế nhân. Vậy nên bố thí cho người lìa dục, sẽ được quả báo lớn.

357. Les mauvaises herbes nuisent les vergers et les rizières ; l'agressivité compromet bien de gens innocents. Ainsi, attribuer des libéralités à des personnes indulgentes suscitera des karma bienfaisants.

358. Les mauvaises herbes nuisent les vergers et les rizières ; l'ignorance compromet bien de gens innocents. Ainsi, attribuer des libéralités à des personnes éclairées suscitera des karma bienfaisants.

359. Les mauvaises herbes nuisent les vergers et les rizières ; L'amour charnel compromet bien de gens innocents . Ainsi, attribuer des libéralités à des personnes chastes suscitera des karma bienfaisants

Phẩm hai mươi lăm :
Phẩm Tỳ-kheo

Chapitre vingt et cinq :
Le moine

360-361. Chế phục được mắt, lành thay; chế phục được tai, lành thay; chế phục được mũi, lành thay; chế phục được thân, lành thay; chế phục được lời nói, lành thay; chế phục được tâm ý, lành thay; chế phục được hết thảy, thật lành thay. Tỳ-kheo nào chế phục được hết thảy thì giải thoát hết thảy khổ.

362. Gìn giữ tay chân và ngôn-ngữ, gìn giữ cái đầu cao, tâm mến thích thiền-định, riêng ở một mình và tự biết đầy đủ, ấy là bậc Tỳ-kheo.

363. Tỳ-kheo nào điều nhiếp được ngôn-ngữ, khôn khéo và tịch tịnh, thì khi diễn bày pháp-nghĩa, lời lẽ rất hòa ái rõ ràng.

364. Tỳ-kheo nào an trú trong lạc viên chánh-pháp, mến pháp và theo pháp, tư duy nhờ tưởng pháp, thì sẽ không bị thối chuyển.

365. Chớ nên khinh điều mình đã chứng, chớ hâm mộ điều người khác đã chứng, Tỳ-kheo nào chỉ lo hâm mộ điều người khác tu chứng, cuối cùng mình không chứng được Tam-ma-địa(chánh định).

360-361. Maîtriser la vue, quelle sagesse ; maîtriser l'ouïe, quelle sagesse ; maîtriser l'odorat, quelle sagesse ; maîtriser le corps, quelle sagesse ; maîtriser le langage, quelle sagesse ; maîtriser l'esprit, quelle sagesse ; maîtriser tout l'ensemble, quelle belle sagesse ! Tout moine qui arrive à maîtriser cette totalité, se voit toutes ses misères résolues.

362. Surveiller son attitude et son langage ; veiller à être noble ; garder son esprit dans la contemplation ; vivre dans la solitude et dans la sobriété. Celui qui se comporte ainsi, est un moine.

363. Le moine qui contrôle son langage, qui est lucide et serein, détient une voix claire et affable lorsqu'il expose les textes du Dhamma.

364. Tout moine qui s'établit dans l'heureuse retraite de la bonne loi, qui s'attache affectueusement au Dhamma, qui se consacre fréquemment aux sens des textes sacrés, ne peut plus faire marche arrière à la vie mondaine.

365. Ne déconsidérer pas les œuvres que vous avez pu maîtriser, n'amouracher pas trop sur les exploits d'autrui. Le moine qui passe son temps à adorer les performances des autres, n'arrive pas en fin de compte à réaliser son propre samâdhi.

366. Hàng Tỳ-kheo, dù được chút ít cũng không sinh tâm khinh hiềm, cứ sinh hoạt thanh-tịnh và siêng năng, nên đáng được chư Thiên khen ngợi.

367. Nếu với thân tâm không lầm chấp là " ta " hay "của ta". Vì không ta và của ta nên không lo sợ. Người như vậy mới gọi là Tỳ-kheo.

368. Hàng Tỳ-kheo an trú trong tâm từ-bi, vui thích giáo pháp Phật-đà, sẽ đạt đến cảnh giới tịch tịnh an lạc, giải thoát các hành (vô thường).

369. Tỳ-kheo múc nước trong chiếc thuyền này, hễ nước hết thì thuyền nhẹ và đi mau; đoạn trừ tham dục và sân nhuế trong thân này; hễ tham dục hết thì mau chứng đến Niết-bàn.

366. Le moine ne doit pas déconsidérer ses propres performances aussi minimes qu'elles soient, mais doit s'appliquer davantage et vivre dans la sérénité, sous le regard bienveillant des anges.

367. Si une personne ne persiste pas dans l'erreur que ce corps et cet esprit sont à lui ou sont des combinaisons lui appartenant, elle n'éprouvera aucune sorte de crainte, puisque ces choses lui sont étrangères. Une telle personne mérite bien la dénomination de moine.

368. Les moines se réfugient dans l'esprit de l'amour-compassion et de la miséricorde ; ils trouvent le bonheur serein dans l'enseignement du bouddhisme ; dès lors, ils accéderont à un lieu paisible et tranquille, loin des manifestations éphémères.

369. Le moine écope l'eau hors de cette barque*, se déchargeant de ses troubles et de ses tourments ; plus le liquide se vide et plus l'embarcation s'allège et file rapidement. Quant à l'élimination des désirs sensuels et de l'agressivité de ce corps, aussitôt ces défauts disparaissent que le moine accédera au nirvâna.

370. Tỳ-kheo nào đoạn được năm điều, bỏ được năm điều, siêng tu năm điều, vượt khỏi năm điều say đắm, ta gọi là người đã vượt qua dòng nước lũ.

371. Hãy tu định chớ buông lung, chớ mê hoặc theo dục ái. Đừng đợi đến khi nuốt hoàn sắt nóng, mới ăn năn than thở!

372. Không có trí tuệ, thì không có thiền định, không có thiền định, thì không có trí tuệ. Người nào gồm đủ thiền định và trí tuệ thì gần đến Niết-bàn.

373. Tỳ-kheo đi vào chỗ yên tĩnh thời tâm thường vắng lặng, quán xét theo chánh-pháp thì được thọ hưởng cái vui siêu nhân.

374. Người nào thường nghĩ đến sự sanh diệt của các uẩn, thì sẽ được vui mừng hạnh phúc. Nên biết : người đó không bị chết.

370. Le moine qui arrive à se défaire des cinq troubles graves de ce monde* puis des cinq troubles graves des paradis*, qui s'applique avec ferveur les cinq indriya* que sont : la foi, l'énergie, l'attention, la concentration, la sage connaissance pour surmonter les cinq attachements insalubres que sont : la cupidité, l'agressivité, l'ignorance, l'orgueil, l'opinion criminelle. Ce n'est qu'après avoir passé toutes ces épreuves que je l'appelle par celui qui s'échappe du déluge.

371. Soyez persévérant dans la contemplation ; ne vous laissez pas aller à l'incontinence, ne vous amourachez pas à l'amour sensuel et n'attendez pas jusque vous ayez avalé les billes d'acier incandescentes de l'enfer pour vous repentir dans les lamentations.

372. Sans connaissance vous n'arrivez pas à vous contempler ; sans contemplation vous n'obtiendrez pas la connaissance. Celui qui parvient à acquérir ces deux quintessences sont à deux pas du nirvâna.

373. Ce n'est que dans une profonde tranquillité que l'esprit du moine s'assoupit. En se contemplant profondément à la bonne loi, il accédera à l'ultime félicité.

374. Celui qui médite profondément à la formation et à la cessation des Skandha* aura à la fin du chemin, trouvé la joie de la félicité. Il faut savoir que cette personne sera immortelle.

375. Nếu là bậc Tỳ-kheo sáng suốt, dù ở trong đời, trước tiên vẫn lo nhiếp hộ các căn và biết đủ, hộ trì giới-luật.

376. Thái độ thì phải thành khẩn, hành vi thì phải đoan chánh; được vậy, họ là người nhiều vui và sạch hết khổ não.

377. Cành hoa Bạt-tất-ca bị úa tàn như thế nào, thì Tỳ-kheo các ông, cũng làm cho tham sân úa tàn thế ấy.

378. Vị Tỳ-kheo nào thân ngữ thanh-tịnh, tâm an trú tam-muội, xa lìa nơi dục lạc; ta gọi họ là người tịch-tịnh.

379. Các ngươi hãy tự kỉnh sách, các ngươi hãy tự phản tỉnh! Tự hộ vệ và chánh niệm theo chánh-pháp mới là Tỳ-kheo an trụ trong an-lạc.

375. Même immergé dans ce monde des passions, le moine éclairé doit avant tout veiller à ses cinq Indriya*, à vivre dans la simplicité et à se conformer aux règlements de la bonne loi.

376. Son attitude doit être sincère vis-à-vis de lui-même et sa conduite doit être bienveillante. Ayant acquis ces nobles attributs, il connaîtra le parfait bonheur dénué de misère.

377. La fleur vassika se dessèche vite comme vous le voyez ; ainsi vous autres moines, vous devez induire votre cupidité et votre agressivité à s'étioler de la même façon.

378. Tout moine qui garde son corps dans la sérénité et son esprit reposé dans le samâdhi* loin des lieux de perdition, je l'appelle par moine serein et tranquille.

379. Vous devriez vous réveiller de votre torpeur et vous contempler en vous-même ! Ce n'est qu'en se surveillant sans relâche dans la bonne loi que le moine se réfugie dans la sérénité.

380. Chính các ngươi là kẻ bảo hộ cho các ngươi, chính các ngươi là nơi nương náu cho các ngươi. Các ngươi hãy gắng điều phục lấy mình như thương-khách lo điều phục con ngựa lành.

381. Tỳ-kheo nào đầy tâm hoan hỷ, thành tín theo giáo pháp Phật-đà, sẽ đạt đến cảnh giới tịch tịnh an-lạc, giải thoát các hành (vô thường).

382. Những Tỳ-kheo tuy tuổi nhỏ mà siêng tu đúng giáo pháp Phật-đà, là ánh sáng chiếu soi thế-gian, như mặt trăng ra khỏi mây mù.

380. C'est vous-même qui devriez être votre propre ange gardien ; c'est vous-même qui devriez être votre asile caractéristique. Essayez donc de vous dominer vous-même de la façon dont le marchand de chevaux apprivoise son bel étalon.

381. Tout moine qui possède un esprit enjoué et qui s'applique à l'étude de la bonne loi, se retrouvera dans la zone de félicité, libéré de toutes attaches éphémères de ce monde.

382. Malgré son jeune âge, tout moine qui se voue à l'étude de la bonne loi, se comporte tels les rayons de la lune sortant des nuages obscurs pour illuminer ce monde des ténèbres.

Phẩm hai mươi sáu : Phẩm Bà-la-môn

Chapitre vingt et six : Brahmanes

383. Dũng cảm đoạn trừ dòng ái dục, các ngươi mới là Bà-la-môn! Nếu thấu rõ các uẩn diệt tận, các ngươi liền thấy được vô tác (Niết-bàn).

384. Nhờ thường trú trong hai pháp, hàng Bà-la-môn đạt đến bờ kia; dù có bao nhiêu ràng buộc, đều bị trí tuệ dứt sạch.

385. Không bờ kia cũng không bờ này, hai bờ đều không thật; chỉ xa lìa khổ não chẳng bị trói buộc nữa; ta gọi họ là Bà-la-môn.

386. Ai nhập vào thiền-định, an trụ chỗ ly trần, sự tu hành viên mãn, phiền-não-lậu dứt sạch, chứng cảnh giới tối cao; ta gọi họ là Bà-la-môn.

387. Mặt trời chiếu sáng ban ngày, mặt trăng chiếu sáng ban đêm, khí giới chiếu sáng dòng vua chúa, thiền-định chiếu sáng kẻ tu hành, nhưng hào quang đức Phật chiếu sáng tất cả thế-gian

383. Soyez entreprenant dans l'élimination de l'amour sensuel comme le montrent les brahmanes ! Ce n'est qu'en comprenant clairement la fragilité des skandha* que vous découvrirez les lueurs du nirvâna.

384. Grâce à leurs fréquents passages dans les « deux enseignements de la contemplation »* que les brahmanes parviennent à l'autre rive*. Leurs innombrables attaches ont été coupées par leur épée de la connaissance.

385. N'étant point sur l'autre rive ni sur celle-ci *(voir glossaire) qui sont toutes deux irréelles, et se libérant des troubles et des tourments, je les appelle brahmanes.

386. Ceux qui se réfugient dans la contemplation, qui se détachent des troubles et des tourments pour atteindre la zone sereine et éthérée, je les appelle brahmanes.

387. Le soleil brille pendant la journée ; la lune resplendit le soir ; les armes tranchantes scintillent au ceinturon des ksatriya ; la contemplation illumine les ascètes ; l'aura du Bouddha éclaire tout ce bas-monde.

388. Dứt bỏ các ác nghiệp, gọi là Bà-la-môn; thường tu hành thanh-tịnh, thì gọi là Sa-môn; còn trừ bỏ cấu uế, gọi là người xuất-gia.

389. Chớ nên đánh đập Bà-la-môn! Bà-la-môn chớ nên sân hận! Người đánh đập mang điều đáng hổ, người sân hận lại càng đáng hổ hơn.

390. Bà-la-môn! Đây không phải là điều ích nhỏ, nếu biết vui mừng chế phục tâm mình, tùy lúc đoạn trừ tâm độc hại mà thống khổ sẽ được ngăn dứt liền.

391. Chế ngăn thân, ngữ, ý không làm các điều ác, chế ngăn được ba chỗ đó; ta gọi họ là Bà-la-môn.

392. Được nghe đấng Chánh-đẳng-giác thuyết pháp, bất luận ở nơi nào, hãy đem hết lòng cung kính như Bà-la-môn kính thờ thần lửa.

388. Les brahmanes se démettent des actions néfastes ; les moines bouddhistes se contemplent dans la tranquillité ; et ceux qui performent la bonne loi décantent leurs insalubrités.

389. Ne levez pas la main sur un brahmane ! Et vous brahmanes, ne vous emportez pas ! Les attaquants doivent avoir honte d'eux-mêmes, et les défenseurs sont tout autant ignobles.

390. Brahmanes ! Ceci n'est pas une gratification minime, si dans l'enjouement vous arrivez à manœuvrer votre esprit vers la bonne voie. Eliminez progressivement le côté pernicieux de votre esprit et vos misères se trouveront en elles-mêmes annihilées.

391. Surveiller le corps, la parole et l'esprit des manœuvres maléfiques ; supplanter leur ténacité ; j'appelle ces personnes des brahmanes.

392. En n'importe quelque endroit que vous soyez, les sermons du Tathâgata doivent être écoutés avec le respect que réservent les brahmanes à leur dieu Agni.

393. Chẳng phải vì núm tóc, chẳng phải vì chủng tộc, cũng chẳng phải tại nơi sanh mà gọi là Bà-la-môn; những ai hiểu biết chân thật, thông đạt chánh-pháp, đó mới là kẻ Bà-la-môn hạnh phúc.

394. Người ngu bó tóc đùm và chuyên mặc áo da lộc đâu có ích chi? Trong lòng còn chứa đầy tham dục, thì dung nghi bên ngoài chỉ là trang điểm suông.

395. Dù mặc áo phấn tảo, gầy ốm lộ gân xương, mà ở rừng sâu tu thiền định; ta gọi là Bà-la-môn.

396. Bà-la-môn không phải từ bụng mẹ đẻ ra. Nếu cứ chấp chặt các phiền não, thì chỉ được gọi là " Bồ" suông. Người nào lìa hết chấp trước, ta gọi là Bà-la-môn.

397. Đoạn hết các kiết-sử, không còn sợ hãi chi, không bị đắm trước ràng buộc; ta gọi là Bà-la-môn.

393. Ce n'est pas à cause de la coupe de cheveux, ni de la lignée ou du lieu de la naissance qu'on est né brahmane ; ceux qui comprennent à fond les quatre vérités saintes, qui saisissent explicitement la bonne loi, sont en fait des brahmanes sereins.

394. Les ignorants qui coiffent leurs cheveux en chignon ou qui endossent en hiver d'un manteau de daim comme est la mode des brahmanes, ne le sont d'aucune utilité ! Tant que leur esprit entasse encore des désirs sensuels, leur parure n'est que décoration insipide.

395. Bien que vêtus de linge ramassé dans les cimetières avec un corps maigre dévoilant les os avec leurs accessoires et, se contemplant dans les forêts profondes, je les appelle brahmanes.

396. Les brahmanes ne reçoivent pas leur titre de par leur naissance. S'ils entassent encore en eux tous les troubles et les tourments de ce monde, on les appelle par un « Bho » insipide et plat. Quant à ceux qui arrivent à se défaire de leurs préjugés, je les appelle brahmanes.

397. Eliminer les troubles et les tourments permettant l'esprit à se dégager de ses hantises et de ses attachements, j'appelle ces personnes des brahmanes.

398. Như ngựa bỏ đai da, bỏ cương, bỏ dây và đồ sở thuộc, người giác trí bỏ tất cả chướng ngại; ta gọi là Bà-la-môn.

399. Nhẫn nhục khi bị đánh mắng, không sinh lòng sân hận; người có đội quân nhẫn nhục hùng cường; ta gọi là Bà-la-môn.

400. Đầy đủ đức hạnh không nóng giận, trì giới thanh-tịnh không dục nhiễm, thì chỉ mang thân này là cuối cùng, không bị tiếp tục sanh nữa; người như thế, ta gọi là Bà-la-môn.

401. Người nào không nhiễm đắm những điều ái-dục như nước giọt trên lá sen, như hột cải đặt đầu mũi kim; người như thế, ta gọi là Bà-la-môn.

402. Nếu ngay tại thế gian này, ai tự giác ngộ và diệt trừ đau khổ, trút bỏ gánh nặng mà giải thoát; người như thế, ta gọi là Bà-la-môn.

398. Telles les montures auxquelles on les débarrasse de leur selle et de leur harnais, les personnes spirituelles s'allègent de tout ce qui les encombre ; je les appelle brahmanes.

399. Patients lorsqu'ils ont été bafoués ou battus et qui ne se laissent pas emporter par l'agressivité ou par la haine ; ceux qui possèdent un comportement aussi indulgent, je les appelle brahmanes.

400. Celles qui possèdent les vertus de l'indulgence, de l'attention aux interdits permettant leur esprit à s'établir dans la sérénité, n'ont que cette dernière existence à passer, se dispensant ainsi de la contrainte de la réincarnation ; de telles personnes, je les appelle brahmanes.

401. Les personnes qui n'ont pas été affectées par l'ivresse des joies sensuelles, se comportent telles les gouttes d'eau brisées sur les feuilles de lotus ou le dérapage des pollens hors de la pointe tranchante de l'aiguille, je les appelle brahmanes.

402. Dans cette existence, les personnes qui se réveillent de leur somnolence, se libérant de leurs malheurs et de leurs misères pour s'affranchir, je les appelle brahmanes.

403. Người có trí tuệ sâu xa, biết rõ thế nào là đạo, thế nào là phi đạo và chứng đến cảnh giới vô thượng; người như thế, ta gọi là Bà-la-môn.

404. . Chẳng lẫn lộn với tục luân, chẳng tạp xen với tăng lữ, xuất-gia lìa ái-dục; người như thế, ta gọi là Bà-la-môn.

405. Thả bỏ con dao sát hại, đối với bất luận loài nào lớn hay nhỏ, mà đã người như thế, ta gọi là Bà-la-môn.

406. Ở giữa đám người cừu địch mà gây tình hữu-nghị, ở giữa đám người hung hăng cầm gậy mà giữ khí ôn hòa, ở giữa đám người chấp đắm mà lòng không chấp đắm; người như thế, ta gọi là Bà-la-môn.

407. Từ lòng tham dục, sân nhuế, kiêu mạn cho đến lòng hư ngụy đều thoát bỏ cả như hột cải không dính đầu mũi kim; người như thế, ta gọi là Bà-la-môn.

403. Les personnes qui possèdent une connaissance pénétrante, qui distinguent clairement la route vers la sainteté de la fausse voie des troubles et des tourments, je les appelle alors brahmanes.

404. Les personnes qui ne se mêlent pas aux querelles de ce monde et qui n'entrent pas dans la Sangha pour lui porter préjudice mais dans le but de se libérer de l'amour sensuel, je les appelle brahmanes.

405. Lâcher ce couteau qui tue des êtres petits ou grands ; de telles personnes, je les appelle brahmanes.

406. Aimables parmi les malveillants,
Paisibles parmi les agresseurs en armes,
Tranquilles parmi les passionnés,
De telles personnes, je les appelle brahmanes.

407. Se dégager des désirs sensuels, de l'agressivité, de l'orgueil jusqu'à des défauts mineurs tel le dérapage des pollens hors de la pointe tranchante de l'aiguille ; de telles personnes, je les appelle brahmanes.

408. Chỉ nói lời chân thật hữu ích, chẳng nói lời thô ác, chẳng xúc giận đến ai; người như thế, ta gọi là Bà-la-môn.

409. Đối với bất luận vật gì xấu hay tốt, dài hay ngắn, thô hay tế mà người ta không cho thì không bao giờ lấy; người như thế, ta gọi là Bà-la-môn.

410. Đối với đời này cũng như đời khác, đều không móng lòng dục vọng, vô dục nên giải thoát; người như thế, ta gọi là Bà-la-môn.

411. Người không còn tham dục và nghi hoặc thì được giác ngộ chứng bậc vô-sanh; người như thế, ta gọi là Bà-la-môn.

412. Nếu đối với thế gian này, tâm không chấp trước thiện ác, thanh-tịnh không ưu lo, mà thanh-tịnh; người như thế, ta gọi là Bà-la-môn.

408. Les personnes qui emploient des paroles utiles et honnêtes et qui savent éviter des expressions méchantes et blessantes, je les appelle brahmanes

409. En ce qui concerne n'importe quel objet vulgaire ou de valeur, petit ou grand, rudimentaire ou apprêté que l'on ne vous donne pas, ne le volez point. De telles personnes, je les appelle brahmanes.

410. Dans cette existence comme dans d'autres, ne convoiter pas les passions charnelles qui vous attachent à d'innombrables servitudes ; de telles personnes sereines et affranchies, je les appelle brahmanes.

411. Les personnes qui n'ont plus de passions sensuelles et qui n'éprouvent pas de méfiance à l'égard de la bonne loi, auront la vie éternelle des Bouddha ; je les appelle brahmanes.

412. Dans cette existence, si votre esprit ne s'accroche pas aux actions bénéfiques ou néfastes, s'il est serein et entièrement dépouillé de toute anxiété ; de telles personnes, je les appelle brahmanes

413. Dứt sạch ái-dục không cho tiếp tục sanh ra, như trăng trong không bợn, như nước yên lặng sáng ngời; người như thế, ta gọi là Bà-la-môn.

414. Vượt khỏi con đường gồ ghề lầy lội, ra khỏi biển luân-hồi ngu si mà lên đến bờ kia, an trú trong thiền định, không dục vọng, không nghi lầm, cũng không chấp đắm rằng mình chứng Niết-bàn tịch-tịnh; người như thế, ta gọi là Bà-la-môn.

415. Xa bỏ dục-lạc ngay tại đời này mà xuất-gia làm Sa-môn không nhà, không cho phát sinh trở lại; người như thế, ta gọi là Bà-la-môn.

416. Xa bỏ ái dục ngay tại đời này mà xuất gia làm Sa-môn không nhà, không cho phát sinh trở lại; người như thế, ta gọi là Bà-la-môn.

417. Rời khỏi trói buộc của nhân gian, vượt khỏi trói buộc ở thiên thượng, hết thảy trói buộc đều xa lánh; người như thế, ta gọi là Bà-la-môn.

413. Annihiler l'amour sensuel jusqu'à sa disparition totale ne laissant qu'une limpidité parfaite telle la lune sereine et brillante ou la surface de l'eau calme et transparente ; de telles personnes, je les appelle brahmanes.

414. Franchissant le chemin boueux et raboteux des désirs sensuels et sortant de la mer de l'ignorance des réincarnations pour parvenir à l'autre rive, se réfugiant dans la contemplation, sans passion, sans méfiance et sans aucune pensée de l'obtention du nirvâna ; de telles personnes, je les appelle brahmanes.

415. Lâcher définitivement les désirs sensoriels dans cette vie même pour adopter la vie de moine pauvre et dénu é de toute velléité sensorielle ; de telles personnes, je les appelle brahmanes.

416. Lâcher définitivement l'amour charnel dans cette vie même pour adopter la vie de moine pauvre et chaste ; de telles personnes, je les appelle brahmanes.

417. Se défaire des licous de ce monde comme se désavouer des douceurs des paradis et réussir à se démettre toutes sortes d'attaches ; de telles personnes, je les appelle brahmanes.

418. Xa bỏ những điều đáng mừng và điều không đáng mừng, thanh lương không phiền-não, dũng mãnh hơn thế-gian; người như thế, ta gọi là Bà-la-môn.

419, Nếu biết tất cả loài hữu-tình tử thế nào, sinh thế nào, rồi đem tâm khôn khéo vượt qua, không chấp trước như Phật; người như thế, ta gọi là Bà-la-môn.

420. Dù chư thiên, Càn-thát-bà hay nhân loại, không ai biết được nơi chốn của những vị A-la-hán đã dứt sạch phiền-não; người như thế, ta gọi là Bà-la-môn.

421. Dù đối với pháp quá khứ, vị lai hay hiện tại, người kia chẳng có một vật chi; người không chấp đắm một vật chi ấy, ta gọi là Bà-la-môn.

422. Hạng người dũng mãnh tôn quí như trâu chúa, hạng người thắng lợi, vô dục như đại tiên, hạng người tắm xong sạch sẽ và giác tỉnh; người như thế, ta gọi là Bà-la-môn.

423. Những vị Mâu-ni(thanh-tịnh) hay biết đời trước, thấy cả cõi thiên và các cõi đau-khổ(ác thú) đã trừ diệt sự tục-sinh, thiện nghiệp hoàn toàn, thành bậc vô-thượng-trí; người viên mãn thành tựu mọi điều như thế, ta gọi là Bà-la-môn.

418. Lâcher les résultats heureux ou néfastes, rester sereins sans aucun trouble ou tourment et maîtriser vigoureusement les cinq skandha; de telles personnes, je les appelle brahmanes.

419. Si elles comprennent que tous les êtres vivants doivent exister ou disparaître d'une certaine façon, puis elles s'appliquent à diriger leur esprit à sortir de ces attaches manifestes sans aucun préjugé comme se comportent les Tathâgata ; de telles personnes, je les appelle brahmanes.

420. Que ce soient les anges du ciel, l'ange Gandâbha ou les êtres humains, nul ne connaît la demeure des Arhat, ceux qui ont pu maîtriser leurs troubles et leurs tourments ; je les appelle brahmanes.

421. Dans le passé, dans le présent comme dans le futur, ces personnes ne possèdent aucun bien matériel et ne s'attachent point à ces objets futiles, je les appelle brahmanes

422. Pour ces personnes nobles et braves comme le chef de cette harde de buffles, celles qui dominent les troubles de la sensualité, qui se déambulent dans la sérénité comme les anges et qui sortent de la douche, propres et éveillées ; je les appelle brahmanes.

423. Les personnes sereines connaissent parfaitement leurs vies passées. Elles voient également les mondes des paradis et les mondes des souffrances ; elles ont annihilé les reprises monotones des réincarnations ; elles acquièrent le parfait karma qui puisse exister et retrouvent la connaissance absolue de l'univers ; celles qui obtiennent un résultat aussi complet, je les appelle brahmanes.

Glossaire

Agni : #107 #392 (thần lửa)

Le feu, l'un des objets de vénération les plus anciens et les plus sacrés des Hindous.
Feu du sacrifice et dieu du feu dans les textes védiques. Il se manifeste dans le ciel sous la forme du soleil, dans l'air sous celle de l'éclair et sur la terre sous l'apparence du feu.
Agni apparaît personnifié dans les Védas, sous les traits d'une divinité : ông Táo ou le Dieu des foyers ; Thiên Lôi ou le Dieu du tonnerre ;...

Agrégats : #370 (ngũ-uẩn)

(voir skandha)

Amour-compassion et miséricorde : #05 #223 #368 (Từ-Bi)

Từ : (Amour-compassion)
Signifie aimer avec compassion tous les êtres vivants, tout en voulant leur donner une paix intérieure. « Từ » est beaucoup plus grand qu'une bienveillance ou une indulgence ; la personne qui

possède ce sentiment « Từ » est un saint en devenir. Mais ce sentiment humain est certainement plus restreint si on le confronte à celui des vrais saints lesquels ont une énergie et un pouvoir plus accentués.

Bi : (La Miséricorde)

Est un sentiment qui soulève la pitié en soi de voir souffrir les autres vivants. La personne qui possède ce sentiment «Bi », a non seulement pitié, mais éprouve le même sentiment lorsque les autres vivants souffrent. C'est pourquoi elle se porte en premier à les secourir c'est-à-dire à les sortir de leurs malheurs.

Le bouddhisme regroupe ensemble ces deux grands sentiments en un seul (Từ-Bi).

« Từ », c'est vouloir donner aux autres la joie de vivre, et « bi » c'est vouloir sécher leurs larmes en les secourant.

Anâgâmin : #218 (A-na-hàm)

Il y a quatre niveaux de la sainteté qui sont :

1- *L'Arhat (A-la-hán) : le saint parfait, entièrement libéré*
2- *L'Anâgâmin (A-na-hàm) : celui qui ne revient pas.*
3- *Le Sakadâgâmin (Tư-đà-hàm) : celui qui ne revient qu'une fois dans notre monde des manifestations.*
4- *Le Sotâpana (Tu-đà-hoàn) : celui qui est libéré des trois premiers liens et qui est entré dans le courant de la sainteté.*

Apramânabha : #200 (Trời Quang-Âm)

Dans le bouddhisme, il n'y a pas un paradis et un enfer, mais exactement 27 paradis et 500 enfers suivant la logique que celui qui accomplit peu de bienfaits ne cohabite pas avec celui qui en a effectué une infinité. Mais ces nombres peuvent varier suivant le besoin de l'environnement.

Il y a trois classes distinctes de paradis : L'Ârûpyadhâtu, le Rûpadhâtu et le Kâmadhâtu.

Les paradis de l'Ârûpyadhâtu (vô sắc giới), où résident des âmes qui ne possèdent pas de forme. On y distingue quatre immenses territoires que sont :

1- Naivasamjnânâsanjnâyatana (phi tưởng phi phi tưởng où l'on y vit 80.000 kalpa)
2- Âkimcanyâyatana (trời vô sở hữu xứ où l'on y vit 60.000 kalpa)
3- Vijnânânantyâyatana (trời thức vô biên xứ où l'on y vit 40.000 kalpa)
4- Âkasânantyâyatana(trời vô biên xứ où l'on y vit 20.000 kalpa)

(Un kalpa représente une durée de quatre ères cosmiques, soit 4.320.000 de nos années)

Les paradis du Rûpadhâtu (sắc giới) réservés à ceux qui n'éprouvent plus de désir sensuel. Ces paradis se départagent en quatre grandes zones des quatre Dhyana (tứ thiền)

Quatrième Dhyana : (tứ thiền)

Anabhraka (vô nhiệt)	Punyaprasava (thiện hiện)	Brhatphala (sắc cứu cánh)

Avrha (vô tưởng & Quảng quả)	Atapa (Thiện kiến)	Sudr'sa (vô phiền)	Akanistha (Phước sanh)	Sudar'sana (vô vân)

Troisième Dhyana: (Tam thiền)

Parittasubha (Vô lượng tịnh)	Apramânâ subha (Biến tịnh)	'Subhakrtsna (Thiểu tịnh)

Deuxième Dhyana : (Nhị thiền)

Parittâbha *Apramânabha* *Âbhâsvara*
(Vô lượng quang) *(Quang Âm)* *(Thiểu Quang)*

Premier Dhyana: (Sơ thiền)
Brahmakâyika *Brahmapurohita* *Mahabrahman*
(Phạm phụ) *(Đại phạm)* *(Phạm chúng)*

Les paradis du Kâmadhâtu (Dục giới)
(Voir Trâyastrim'sa)

Arhat : #92#93#94#95#96#97 (A-la-hán)

(Voir Anâgâmin)

Attachements insalubres : # 370 (Ngũ trược)

(Voir cinq attachements insalubres)

Autre rive ni celle-ci (l') : #384 #385

***L'autre rive** désigne les six organes sensorielles du corps et qui sont : les yeux, les oreilles, le nez, la langue, la peau et l'esprit. **Cette rive-ci** désigne les six attachements extérieurs tels : la beauté, la voix, le parfum, le goût, le toucher et les auxiliaires séduisants. N'étant point sur l'autre rive ni celle-ci signifie : **ne point s'attacher solidement à son ego ; ne point s'amouracher aux auxiliaires séduisants de ce monde**.*

Bodhisattva (le) : (Bồ Tát)

Dans le bouddhisme Mahâyâniste, le bodhisattva est un être qui aspire à l'état de Bouddha par l'exercice systématique des vertus

parfaites mais qui renonce à jouir du nirvâna tant que tous les êtres ne sont pas sauvés. La vertu qui détermine toute son action est l'amour-compassion soutenue par une connaissance et une sagesse parfaites. Il apporte une aide efficace au Bouddha et il est prêt à transmettre à d'autres ses propres mérites karmiques.
Le maître de tous les enfers est un bodhisattva nommé Kshitigarbha (Địa tạng vương) qui a promis de rester là jusqu'à ce qu'il n'y ait plus aucune âme torturée.
Avalokiteshvara (Quan Thế Âm) se tenant à côté du Bouddha Amithâba sous la forme d'une déesse de la compassion. La croyance populaire lui accorde un rôle protecteur contre les catastrophes naturelles et une aide générale à tous ceux qui souffrent, y compris les habitants des enfers et les démons.
Le Bodhisattva n'existe pas dans le bouddhisme Hînayâniste.

<u>Bouddha (le)</u> : #188 #192 (Phật đà)

Celui qui a reçu l'illumination parfaite qui lui permet d'échapper les cycles des transmutations et ayant atteint la délivrance totale. Sa doctrine se résume aux quatre vérités saintes. Le Bouddha transcende tous ses désirs. Bien qu'il reste sensible à l'agréable et au désagréable, il n'est plus esclave des sensations qui fondamentalement, ne le touchent pas. Il n'est plus soumis à l'obligation de renaître après la mort de son corps physique.
On distingue deux sortes de Bouddha et qui en comptent des millions, suivant le Mahâyâna.
Le Pratyeka Bouddha : qui connaît l'illumination parfaite mais ne fait profiter son expérience à personne.
Le Samyak Bouddha : qui, pour le salut de tous les êtres, répand autour de lui la doctrine qu' il vient de découvrir. Le Hînayâna (ou la petite roue) n'admet l'existence que d'un seul

et unique Bouddha par ère (ce Bouddha souvent maigre, apparaît alors comme une créature terrestre qui enseigne la doctrine aux hommes). Le Mahâyâna (ou la grande roue) reconnaît l'existence d'innombrables Bouddha transcendantaux dont Amithâba, Akshobya, Vairochana, Ratnasambhava, Amoghasiddhi, Vajrasattva, et de nombreux d'autres.
Maîtres des Bodhisattva, ils règnent tous sur des paradis (terres Pures). Les Bouddhatranscendantaux sont surnaturels physiquement et spirituellement, d'une pûreté parfaite. Ils ont la vie éternelle et disposent d'une puissance sans limite.

<u>*Brahmâ :*</u> *#105*

Première divinité de la Trimurti ; la trinité Hindoue comprenant Brahmâ, Vishnu et Shiva.
Dans l'hindouisme, Brahmâ est le Dieu créateur de l'univers. Il est né du paradis Apramânabha (deuxième Dhyana) et devient roi du paradis Brahmapurohita (premier Dhyana). Il possède 5 têtes et 4 bras et s'installe sur un chariot tiré par 7 oies.
Il se range par la suite parmi les adeptes du Bouddha Sakya Mauni.

<u>*Brahman*</u>

L'absolu immuable et éternel. Brahman étant un état de transcendance pure, il ne peut être formulé ni par la pensée ni par la parole. Brahman est proche du terme « l'un et unique », ce qui revient à dire qu'il est tout à la fois, Être absolu, conscience absolue et félicité absolue.

Brahmane (condition de) : #142 #230

Cette condition se fonde sur la position du brahmane qui, en tant que prêtre, appartient à la plus haute des quatre castes de la société Hindoue, à savoir :

Les brahmanes ou la classe cultivée(prêtres, philosophes, érudits)
Les Ksatriya ou caste des guerriers (chefs politiques)
Les Vaishya ou commerçants
Les Shûdra ou caste des serviteurs

Dans les anciens temps védiques, les brahmanes n'étaient rien d'autre que des prêtres chantant les hymnes du Rigveda. Puis arriva le Bouddha Sâkyamuni qui libéra les trois autres castes de leur domination et réforme la société indienne toute entière.
Dans le dernier chapitre de ce manuscrit, le mot brahmane signifie, celui qui suit le bon chemin de la délivrance.

Cadana, cagara, milika : #54 #55 #56

Cadana et cagara sont des arbres précieux et parfumés dont le bois a été utilisé comme encens. Les fleurs qu'ils engendrent sont alors très parfumées.
Malika est une espèce de petites fleurs parfumées, dont les lianes grimpantes prolifèrent en tous endroits.

Cha kiêu căng : # 294 # 295

L'explication de la stance # 294 se départage en 3 sections A, B et C.

A- Cha kiêu căng :

L'orgueil du père ne détient qu'à peu près 90% du qualificatif des mâles, tandis que leur ignorance ne lègue aucune exception. Suite à la page 134, ligne 21 « du Sutra de la repentance par l'eau bénite » (kinh Thủy Sám), il est mentionné « d'empoisonner l'ignorance du père et la sensualité de la mère. Mais dans ce contexte, le Bouddha veut insister sur l'arrogance mâle qui est un péché aussi dévastateur que son cousin nommé ignorance .

B- Deux grandes branches de la royauté :

1) Qui sont d'abord les deux modes de raisonnement banale (sassata-ditthi - thường kiến) et simpliste (uccheda- ditthi- đoạn kiến)

2) Ces raisonnements aberrants dérivent des 12 sources de perception impures qui sont : les yeux, les oreilles, le nez, la langue, le corps, l'esprit ainsi que la beauté, la tonalité, le parfum, le goût, le toucher, les manifestations.

a) Raisonnement banale ou sassata-ditthi. (thường-kiến)

Suivant l'encyclopédie bouddhiste (Huệ Quang page 8545) : celui qui raisonne de cette manière croit en un monde permanent ***(qui ne se détériore pas)*** *et que le soi de l'homme reste toujours indestructible, même après la mort. (Que l'homme retourne sur terre avec un même soi inchangé.)*

b) Raisonnement simpliste ou uccheda-ditthi. (đoạn –kiến)

Suivant la même encyclopédie (Huệ Quang page 2444) : celui qui raisonne de cette manière pense que le soi de l'homme ainsi *que ce monde **se détériorent rapidement**, et qu'il n'y a point de causes à effets bons ou mauvais. Cette pensée peut être la cause à des délits effrayants puisqu'il n'y a pas de karma, ni réincarnation, car tout doit être désintégré et disparaître.*

C- <u>Immense territoire</u> :

Le Bouddha veut insinuer par là qu'il faut détruire également le plaisir de la sensualité du corps (nadirago).

[En fin de compte, pour pouvoir échapper aux troubles et tourments (Anigha), nous devons appliquer dans notre existence toutes les six conditions de la stance #294].

<u>Cinq attachements insalubres</u> (les) #370 (.Ngũ trược)

Encore appelés les cinq éléments de dépendance des troubles graves de base. Ils forment la solide base par où prolifèrent d'infinis d'autres troubles secondaires et qui se composent de :

La cupidité (tham) : ou l'amour d'amasser des biens

L'agressivité (sân) : qui est une disposition à un emportement devant des situations déplaisantes, ce qui provoque une agitation fébrile au corps et à l'esprit.

L'ignorance (si) : qui est la privation totale de la lumière des connaissances (comme les animaux)

L'orgueil (mạn) : qui se croit être supérieur aux autres sans en avoir le moindre mérite.

L'opinion criminelle (ác kiến) : qui est le fait d'accepter ou de penser faussement à l'avance que des manœuvres enduits de criminalités sont justes, légaux et véridiques.

<u>Cinq désirs sensuels</u> *(les) : #35 #36 #202 #255 (kâma- Ngũ dục)*

On distingue cinq types de désir provoqué par l'environnement et selon l'organe de perception concerné : le désir de la forme, le désir du son, le désir de l'odorat, le désir du goût, le désir du toucher. Outre ces cinq désirs fondamentaux existent d'autres qui sont : le désir de la fortune, le désir de la beauté, le désir de la célébrité, le désir du palais et le désir du repos.(tài, sắc, danh, thực, thụy).
Dans le Rigveda, le désir est considéré comme la première velléité des manifestations de l'Absolu : « le désir naquit en lui qui est source de conscience que les saints ont découvert dans le fond de leur cœur qui unit l'être absolu au monde des phénomènes ».
Kâma désigne à la fois la soif de satisfaction sensuelle et la joie que l'on éprouve de cette jouissance ; Il est un des obstacles majeurs sur la voie de la spiritualité car l'homme cherche chaque jour davantage de conforts matériels qui le perdent effectivement. Il invente le cinéma ou la mode pour sa satisfaction de la vue, il crée la musique pour sa jouissance de l'ouïe, il combine les parfums pour son plaisir de l'odorat et il développe la gastronomie pour satisfaire son palais...
Insatisfait, l'homme se dessèche vite comme un arbre en hiver ; mais une fois dans le bain, ses désirs s'enflamment vigoureusement et lui procurent un bien-être vaporeux et factice.
C'est pourquoi, il se comporte comme un esclave de ses propres besoins et passe toute sa vie à créer des attaches supplémentaires qui agissent comme ses vrais maîtres.

<u>Cinq Indriya</u> (les) : #370 (Ngũ căn hoặc Ngũ lực)

Indriya est une appellation des cinq organes des sens, et également les facultés spirituelles, les forces, les énergies qui renforcent ces organes pour les consolider, leur donner la capacité d'annihiler les pensées néfastes et les remplacer par de plus nobles. Différentes des cinq organes du corps, fréquemment mentionnés dans les textes canoniques, mais qui restent toujours à leur état inactifs, les énergies (Indriya) se composent de :

1- La faculté de foi (Tín) :
Ici, le noble disciple a la foi ; il croit en l'éveil du Tathâgata et dit : « ce bienheureux est saint, parfaitement et pleinement illuminé, muni des sciences et des pratiques ; bienvenu, connaisseur du monde, sans supérieur, conducteur des hommes à dompter, instructeur des dieux et des hommes, Bouddha et bienheureux. Ceci s'appelle la faculté de foi.

2- La faculté d'énergie (Tinh-tấn) :
Ici, le noble disciple demeure en énergie active pour détruire les mauvais karma (nghiệp) et pour produire les bons karma. Il est ferme, d'un courage éprouvé, et ne rejette pas le fardeau des bons karma. Ceci s'appelle la faculté d'énergie.

3- La faculté d'attention (Niệm) :
Ici, le noble disciple est attentif, doué d'une attention et d'une discrimination suprêmes, se rappelant et se remémorant sans cesse ce qui a été fait et dit longtemps auparavant. Ceci s'appelle la faculté d'attention.

4- La faculté de concentration (Định) :
Ici, le noble disciple faisant du renoncement l'objet de sa pensée, obtient la concentration, obtient l'application de la pensée sur un seul objet. Ceci s'appelle la faculté de concentration.

5- La faculté de sagesse pour l'obtention de la connaissance absolue (Huệ) : Ici, le noble disciple est muni de sagesse ; il est doué de sagesse pour déterminer le lever et la chute des choses, sagesse qui est noble ,pénétrante, aboutissant à la parfaite destruction de la douleur.

<u>Cinq Skandha ou Agrégats</u> : #370 #374 #383 (Ngũ Uẩn)

C'est un terme désignant les cinq groupes ou les cinq agrégats composant la personnalité, à savoir :

1- L'agrégat de la corporéité ou de la matière (sắc uẩn) :
Qui se compose des quatre éléments : le solide (đất), le liquide (nước), le mouvement (gió), la chaleur (lửa).

2- L'agrégat de la perception (thọ) :
Qui comprend toutes les catégories de sensations, douloureuses,agréables ou neutres.

3- L'agrégat de l'imagination (tưởng) :
Qui divise la perception en six catégories (la forme, le son, l'odeur, le goût, les impressions physiques, et les perceptions mentales).

4- L'agrégat du concept et de l'action (hành) :
Qui réunit la majeure partie des activités psychiques (volonté, attention,jugement, joie, bonheur, impassibilité, esprit de décision, goût de l'action,concentration, etc...)

5- L'agrégat de l'esprit (thức-uẩn) :
Qui regroupe les six compréhensions de la conscience à savoir les compréhensions de la vue, de l'ouïe, de l'odorat, du toucher, du palais et de l'esprit qui naissent du contact de l'organe concerné avec un objet de perception extérieur.

La nature douloureuse et passagère des cinq skandha constitue un thème central de la littérature bouddhique. La souffrance s'explique par l'impermanence et le manque de durée ; de cette impermanence de la personnalité formée des cinq skandha, le bouddhisme conclut à l'inexistence d'un Soi (Anâtman). Tout ce qui est éphémère et donc source de souffrance ne peut représenter le Soi qui est par définition permanence et absence de souffrance.
Prendre conscience de la non réalité des skandha constitue un premier pas vers la connaissance qui mène au salut.

<u>Cinq troubles graves de base de ce monde</u> *(les) : #370*

Le Hînayâna les établit différemment du Mahâyâna et qui sont :
La cupidité de ce bas-monde (khamatago)
L'agressivité (vyapado)
Le culte du moi (sakkayaditthi) : C'est-à-dire, penser faussement que le moi personnel est juste et vrai.(thân-kiến)
L'opinion des interdits (silabhataparamaso- giới cấm thủ) :
C'est-à-dire admettre faussement les interdits des sectes religieux hérétiques comme justes et vrais, et dans un sens plus large, croire et admettre avec fausseté les us et les coutumes criminels, tels les tueries des animaux pour célébrer les cérémonies et les fêtes.
La méfiance.(Nghi)

<u>Cinq troubles graves de base des paradis</u> *: #370*

Qui sont :
L'avidité dans les paradis du Rûpadhâtu (sắc giới) ou le désir à y rester indéfiniment. Le Rûpadhâtu renferme les

paradis réservés à ceux qui ont achevé les quatre dhyana de la concentration (Tứ-thiền)

L'avidité dans les paradis de l'Ârûpyadhâtu (vô sắc giới) ou le désir à y rester indéfiniment. L'Ârûpyadhâtu est réservé à ceux qui n'ont plus besoin d'une forme physique quelconque.

L'irritation : qui amène le corps et surtout l'esprit à se mouvoir continuellement et à penser à des absurdités

L'orgueil (Mạn) : qui se croit être supérieur aux autres sans en avoir le mérite.

La rêverie (Mộng mơ) : qui songe, qui imagine

Ces trois derniers troubles sont à leur état subtil. Pour l'irritation par exemple, elle se manifeste par une subtile vibration de l'esprit à se mouvoir continuellement et à penser à des absurdités.

Conscience (la) :#01 #02 (Tâm, tâm hồn, chân tâm hay tâm như)

Certains auteurs traduisent le mot conscience par « pensée ou thought », ce qui est incorrect ; car une pensée n'est qu'un produit de la connaissance de l'esprit, et ce dernier (esprit ou vọng tâm), n'est que la sixième partie des huit connaissances de la conscience.

Beaucoup de personnes l'entendent par âme (hồn) et que la connaissance unique (knowledge only ; duy thức học) la départage en huit connaissances qui sont :

La compréhension de par les yeux s'appelle la connaissance de la vue (Nhãn thức)

La compréhension de par les oreilles s'appelle la connaissance de l'ouïe (Nhĩ thức)

La compréhension de par le nez s'appelle la connaissance de l'odorat (Tỷ thức)

La compréhension de par la langue s'appelle la connaissance du palais (Thiệt thức)

La compréhension de par le corps s'appelle la connaissance du toucher (Thân thức)

La compréhension de par la pensée s'appelle la connaissance de l'esprit (Ý thức)ou l'esprit tout court.

La compréhension de par le culte exagéré de l'ego s'appelle la connaissance du Manas (Mạt-na-thức)

La compréhension de par le stockage pour une structuration de la forme s'appelle la Connaissance de l'Alaya (A-lại-da-thức)

Ensemble, on les appelle les huit connaissances royales de la conscience ou tout simplement, la conscience. Les six premières ont leur fonctionnement in-extraverti et s'appellent les connaissances frontales. La connaissance du Manas, située entre l'esprit et l'Ayala, est le sub-conscient. Enfin, la huitième connaissance qui possède une exceptionnelle faculté de stockage de l'infinité substantielle, porte le nom de super- connaissance.

Ainsi, d'après la connaissance unique (Duy-thức học), la conscience (tâm hồn) se compose de huit éléments, et que l'esprit (Vọng-tâm), n'est qu'une partie de cet ensemble. Sans le corps physique, la conscience se réduit à sa plus simple expression qu'est la connaissance de l'Alaya (la 8è connaissance). Les cinq premières connaissances doivent être détruites par la loi de la création et de la désintégration du corps ; les 6è et 7è connaissances deviennent dormantes suite à l'absence des cinq premières, tout en restant attachées à la connaissance de l'Ayala.

Il est à remarquer que dans les deux premières stances #01 et #02, le Bouddha enseigne que c'est la conscience (tâm hồn) qui est le germe de toutes les manifestations de la nature. Mais si par contre, nous nous servions de notre esprit pollué #01 ou éthéré #02 dans nos relations, alors le résultat de nos actions dépendra

de l'impureté ou de la pureté de notre esprit. Cependant, ces deux genres d'esprit pollué ou éthéré, individuel ou collectif, sont tous faux (vọng), car ils disparaissent avec la désintégration du corps physique.
(Le terme de « pleine conscience » qui est à la mode très récemment, a un sens un peu plus prononcé que « la pleine connaissance ou la pleine attention » et qui se traduit par une reconnaissance spontanée de la chose).

En résumé, le Bouddha affirme que l'homme est constitué d'un corps physique et d'un corps céleste ou spirituel (tâm hồn hay tâm như) qui forme sa propre spiritualité, laquelle pullule dans le cosmique et dans toutes les galaxies, sous forme de neutron invisible.

Constructeur de la maison #153 #154

Le constructeur de la maison est une allégorie au germe des réincarnations perpétuelles ; il est en fait le désir même de l'amour sensuel. La maison est notre corps proprement dite et les piliers sont nos multiples désirs qui s'attachent à la charpente de notre ignorance.
Il y a une nuance qui souligne que la maison devient plus solide par le nombre de ses piliers, et les connaissances qu'on acquiert dans la vie ne font que soutenir l'intensité de notre ignorance et de notre orgueil.
Ainsi, pour déceler le constructeur de la maison, il fallait en premier lieu, pouvoir neutraliser tous nos désirs et surmonter notre ignorance, non par des études universitaires qui ne font que renforcer l'ampleur de notre stupide orgueil... La connaissance ultime et vraie (bổn lai diện mục) est en réalité : la connaissance de l'Alaya.

<u>*Contemplation*</u> *(la) ou* <u>*Méditation*</u> *: #276 #305 #362 #373 #379 #384 #414 (Thiền)*

Sans tenir compte des contemplations simplistes que pratiquent les étudiants pour l'obtention d'un esprit reposé, se contempler est une opération de première importance qui consiste à se détacher des phénomènes extérieurs tout en conservant intérieurement un état pur dénué de toute excitation. Cela revient à vivre avec sa vraie nature qu'est la connaissance absolue.
Dans le Tathâgâta- garba sutra (Kinh Viên-Giác), le Bouddha a enseigné :
« Il suffit de savoir que tous les phénomènes sont éphémères pour que la conscience ne se perde pas indéfiniment dans d'incessantes réincarnations. »
Le mot savoir est d' importance (et peut-être assimilé au terme de la « pleine conscience ») car il ne peut être capté que par une intuition directe (trực- giác) et non par une étude universitaire poussée qui ne produit que des esprits basés sur la réflexion et sur la comparaison du vrai et du faux, du bien et du mal...
Ainsi pour atteindre cette illumination un seul chemin, celui de la contemplation.
Observons maintenant le lien qui relie le corps à l'esprit de la personne humaine
En étroite harmonie avec l'agitation du corps, l'esprit vibre de pair avec les excitations des sens. Seulement les perturbations de cet esprit troublé restent imperceptibles tant que nous n'observions pas la tranquillité de nos sensations.
C'est dans la tranquille posture de la méditation que de multiples pensées s'éveillent vigoureusement pour compenser l'impassibilité du corps. Elles surgissent en nous telles les vagues furieuses se déferlant sur le rivage, se chevauchant des fois les unes sur les autres...

Avant de procéder à la contemplation, plusieurs approches sont à observer.

1- *Avoir une faculté de Foi incommensurable (Tín-tâm kiên cố) de vouloir se contempler. Ne doit avoir peur de rien, même pas de la mort.*
2- *Adopter une vie aussi simple que possible.(Faire l'aumône est une opération qui consiste à se défaire de notre avoir, de nos biens, et non de le garnir).*
3- *Bien surveiller les interdits (giữ-giới thanh-tịnh) et les garder dans la sérénité.*
4- *Vivre en un endroit tranquille, loin des incitations inutiles.*
5- *Couper toutes attaches familiales et sociales non nécessaires.*
6- *Ne fréquenter que des sages.*

Il existe plusieurs écoles de contemplation :

1- *La contemplation par comptage de la respiration (Thiền Chỉ-Quán)*

   On enseigne ici à contrôler l'esprit mouvementé par la technique d'une inspiration et d'une expiration disciplinées. Après un temps prolongé, le comptage de ces mouvements se transforme en une exécution d'une respiration douce et légère comme si on l'effectue en plein sommeil.

   Cette contemplation vise à contrôler sévèrement l'esprit, l'empêchant de batifoler librement.

2- *La contemplation par une approche à la connaissance (Thiền Minh Sát)*

   Ici, le prétendant doit se surveiller à rester dans les limites de la connaissance de ses mouvements.

   Lorsqu'il a une démangeaison, il doit le dire qu'il a une démangeaison ; lorsqu'il a envie de gratter, il doit le dire ; lorsqu'il gratte, il doit l'affirmer.

En marchant, lorsqu'il lève le pied gauche, il doit le dire ; puis en le déposant, il doit dire qu'il le dépose... En levant le pied droit, il dit : Je lève le pied droit...etc...

C'est en restant, en vivant dans l'éveil (thức) que, un de ces jours, il y sera pour de bon...

3- *<u>La contemplation par l'élimination de l'esprit trompeur</u> (Thiền Đốn Ngộ)*

Đốn veut dire rapide, ngộ veut dire savoir après recherche.

Ici, le sage se sert des phrases clés pour amener le prétendant à s'illuminer promptement. On adopte ainsi une définition de la contemplation légèrement différente de celle des autres écoles ; on enseigne que :

« Se contempler, c'est empêcher l'esprit ou les fausses pensées de naître (định) et se fixer en fin de compte dans sa propre nature (thiền).

Atteindre le samadhi dans cette école ne signifie pas que l'esprit du prétendant se fixe en un point précis du corps comme le font ceux qui utilisent le comptage de la respiration, mais que l'esprit se tourne plutôt vers sa propre nature qu'est la véritable connaissance absolue et à y rester indéfiniment.

Dans cette école, les maîtres sont unanimes à admettre qu'un esprit vide de toute attention (vô niệm) est synonyme de l'illumination. Ainsi ils visent à éliminer cet esprit trompeur par des réponses étranges peut-être, mais à bien réfléchir, elles sont toutes dénuées de significations tels que sont les phénomènes artificieux de la nature.

4- *<u>La contemplation à l'état précédant la première pensée</u> (Quán Thoại Đầu)*

Thoại Đầu veut dire ce qui précède la première pensée ; Quán Thoại Đầu veut dire se contempler à l'état de ce qui précède la première pensée, qui est bien la conscience ou la connaissance absolue proprement dite.

Ici, on répond par des bizarreries pour montrer au prétendant que tout ce qui est de ce monde est faux et absurde. Par exemple, on demande au maître :

- Qu'est-ce le Bouddha ?

Réponse :

-Il n'y a pas de fantôme ! ou bien

- Quel est le prix du riz à Hồng Kông ?

Quelle réponse surprenante ! En effet, on n'y comprend rien !

Jour après jour, à force de réfléchir à cette énigme que l'esprit du prétendant éclate et s'illumine. Il comprendra que tout est faux et que cette méthode de la contemplation amène le prétendant à tout lâcher pour retourner à l'état de conscience précédant la première pensée qui est la véritable connaissance absolue.

5- *La contemplation par apaisement de l'esprit trompeur (Tịnh Độ Thiền)*

Ici, on apaise l'esprit comme si on essaie de calmer les élans des vagues fougueuses. Cela se fait par les récitations des sutra et des mantra telles que pratiquent les moines Mahâyânistes et Tibétains. Souvent ils utilisent cette méthode en combinaison avec celle des autres écoles pour accentuer les effets voulus.

6- *La sereine contemplation du Tathâgata [Như Lai thanh tịnh thiền hoặc chỉ quán đã tọa .(Shikan-Taza)]*

Le Tathâgatha garde sa nature dans un samadhi continuel. Son esprit est d'un calme parfait qui ne s'expose plus à la loi des naissance et des décès...

De nos jours, la contemplation qu'enseigne cette école vise à la pratique d'une vie pure, dénuée de troubles et de tourments, d'amour ou de haine ou de quelque intérêt fictif de ce monde...A tout instant, le prétendant s'adonne à une vie heureuse et calme et dont ses sens ne s'attachent plus aux multiples attraits de la nature...En réalité, cette méthode est similaire à la 2è.qui est une approche à la connaissance.

7- *La contemplation activant la Kundalinî*

C'est grâce à une technique respiratoire qui amène le prétendant directement à la connaissance absolue. Seulement ce dernier doit être guidé par un maitre ou être lui-même assez sage pour affronter seul les forces négatives qui l'assaillent de fait.

Il existe d'autres écoles comme celles qui frappent ou qui engueulent leurs étudiants... Tout cela, seulement pour détruire la manie qu'ont ces derniers de se servir de leur esprit déplacé.

Enfin pour aboutir au but final de la contemplation, pour atteindre le niveau de la sainteté, il faut exercer le lâcher-prise (xả) complet qui est de vivre comme un mort-vivant avec un corps et un esprit dénués de ses composants psychologiques tels la cupidité, l'agressivité, la sensualité...

Dharma ou Dhamma : #188 (voir Pháp)

C'est la voie de la droiture, le droit chemin qu'enseigne le Bouddha. Etymologiquement, ce mot désigne tous les phénomènes, toutes les choses pouvant rappeler aux vivants leur nature sereine, immuable et vraie mais que leur esprit par leur encastrement dans ce corps impur, l'avait complètement oublié.

En un mot, Dharma est toute la vérité première de la nature qui doit être dévoilée par notre esprit troublé ? Il a été représenté par la très grande roue dont les huit rayons représentent l'enseignement du noble chemin octuple.

Dhammapada

Une des 15 sous-parties du Khuddaka-Nikâya, qui est lui-même le cinquième recueil du Sûtra-Pitaka.
Ce sont les sermons du Bouddha . On raconte que le secrétaire particulier du Bouddha, Ananda aurait gardé tous ces sermons du Bouddha en mémoire et les aurait récités lors du premier concile de suite après le décès du Bouddha, en l'an 480 avant JC. Ce concile réunit 500 moines tous Arhat.

Eau hors de cette barque #369

La barque est l'image du corps ; l'eau est une allégorie à un esprit morbide, fauteur de troubles et de tourments.

Enseignements de la contemplation : #384

Dans ce contexte, ils se composent de deux facteurs :
Le Samatha (Chỉ) : qui est l'arrêt net des activités de la pensée pour permettre l'esprit de retrouver son calme premier
Le Vipasyanâ (Quán) : qui est une action presqu' opposée à la première, car le Samatha arrête les pensées du dehors de l'esprit et le Vipasyanâ l'introduit de nouveau vers un engagement à une réflexion profonde des simples manifestations de la nature telles l'observation de la courte existence des bulles d'eau ou la durée éphémère des feuilles des arbres emportées par le vent. «Une attention normale de l'esprit conduit

à la connaissance (thức),différente de la connaissance absolue (chân như) ; mais une attention approfondie de l'esprit s'appelle vipasyanâ »

Par suite, la contemplation signifie : ne pas laisser son esprit folâtrer dans des pensées futiles mais le diriger plutôt vers un seul objet qui est le fond de soi-même.

Esprit #01 #02 #33 #35 #36 #37 #91 #95 #159 #229 #282 (Vọng tâm)

(voir conscience)

Gautama : #296 à#301 (Cồ-Đàm)

Nom de clan des Sakyamuni ; surnom du Bouddha.

Gandhâbha :#105 #420 (Càn- thát-bà)

L'ange des paradis spécialisé dans la musique. Souvent accompagné de l'ange Kinnara (Khẩn na la) qui est le chanteur et le danseur désigné des paradis avec une petite corne au-dessus de sa tête. L'ange Kinnara mâle chante et l'ange femelle, danse. Ces deux anges performent des chants et des danses durant les divertissements.
Dans le premier chapitre du sutra du Lotus de la bonne loi (Diệu Pháp Liên Hoa), le Bouddha a mentionné l'existence de quatre Gandhâbha ainsi que de quatre Kinnara. Dans l'Avatamsaka sûtra (Kinh Hoa Nghiêm), le Bouddha a cité plus de vingt Gandhâbha. Dans le Maha Ratnakûta sûtra (Kinh Đại Bảo Tích), le Bouddha a mentionné une infinité de Gandhâbha.

Kâma

(Voir cinq désirs sensuels)

Kamma ou Karma :#114 #121 #126 #127 #136 #356 #357 #358 #359 (Nghiệp)

A ne pas confondre avec Dharma qui veut dire, enseignement. Karma désigne une action physique crée à partir d'une vibration de l'esprit. Si on le couple à l'activité de l'effet à la conséquence, alors le kamma devient une énergie qui se matérialise à partir d'une bonne ou d'une mauvaise action.

En ce qui concerne une action neutre de conséquence, celle-ci n'a point d'énergie en elle pour se concrétiser en karma.

Le karma se départage en trois catégories : l'énergie venant de l'action physique (Thân nghiệp), de la parole (Ngữ-nghiệp) et celle de l'esprit (Ý-nghiệp), et que tout karma est la source d'un autre karma à venir. On récolte les fruits du karma sous forme de joie ou de souffrance, selon la nature de ses actes et de ses paroles.

Ksatriya #387 ou caste des guerriers

(Voir brahmane)

Kunjara #322

Nom d'une localité de l'Inde

Lâcher-prise (le) #353 (xả)

(Voir ; les sept sambôdhyanga)

C'est une conduite sainte, se trouvant parmi les quatre immesurables que sont :
L' Amour-compassion (Từ), la Miséricorde (Bi), la Joie (Hỷ) et le Lâcher-prise (Xả)
Ce sont les quatre immesurables (Aprâmâna), les quatre libérations de pensée (Cetovimukti) ou les quatre résidences des dieux Brahmâ.
Ce dernier terme est de loin le plus fréquent dans les textes post-canoniques sanskrits et dans les sûtra et 'sâstra du grand véhicule.

Mâra : #105 (Ma vương)

(Littéralement : tueur, destructeur). Incarnation de la mort dans le bouddhisme. Mâra symbolise les passions qui enchaînent l'homme ainsi que tout ce qui entrave l'apparition des racines saines ou la progression sur la voie de l'illumination. On le considère comme le maître des forces négatives ; il est en outre, le roi du sixième paradis, le Paranirmitava'sartin (Trời tha-hoá). On le représente souvent avec cent bras monté sur un éléphant. La légende raconte que le Bouddha aurait subit les assauts de Mâra alors qu'il cherchait à atteindre l'illumination. Il dépêcha ses trois plus belles filles auprès du Bouddha avec mission de le séduire, vainement. A chaque fois qu'un être vivant réussit à s'échapper des paradis du Kâmadhâtu (Dục giới) où les gens y jouissent encore des plaisirs sensuels, c'est lui Mâra qui voulait vérifier si cette personne mérite vraiment son passage vers des zones plus éthérées.

Méfiance (la) : #295 (Nghi)

C'est-à-dire qui doute, qui hésite. Cet attribut psychologique qui, après la cupidité, l'agressivité, l'ignorance, l'orgueil, « la méfiance » et l'opinion criminelle, provoque des troubles graves de base.

Sa propriété réside dans le manquement de la confiance dans les bonnes œuvres et dans les actions saintes. Sa fonction karmique vise à gêner le fonctionnement de la foi, ce qui empêche le développement des activités bénéfiques.

Négativisme (le) :#114 (vô vi)

Le négativisme est le principe d'ordre du vide ; le négativisme est l'ensemble des éléments invisibles de l'infinité substantielle se trouvant dans le centre de ce grand néant. L'infinité substantielle du vide ne suit pas les lois de la création aux fins de la destruction ; elle ne se détériore donc pas et n'adopte pas les formes qui progressent de la naissance vers leur développement, leur dégénération et leur destruction. De plus, elle ne suit aucune influence de la loi de la causalité par attirance (nhân- duyên) L'infinité substantielle du négativisme est l'ensemble des éléments qui possèdent une caractéristique immuable, sereine et qui subsistent à l'intérieur de ce néant.

Nirvâna(le) :#21 #23 #32 #75 #89 #126 #134 #153 #154 #184 #202 #203 #204 #226 #285 #372 #383 #414 (Niết-bàn)

Est l'endroit de la non naissance et par conséquent, du non décès.

Etymologiquement, ce mot veut dire un souffle de vent qui éteint ou un symbole de l'état de cessation complète de toute pensée ou action. Puis, arrivé à un sens plus large, il désigne une extinction complète du feu de tous les tourments pour accéder à l'endroit d'une illumination complète de l'esprit. De même, on entend par nirvâna une délivrance définitive du cycle des

réincarnations et, le passage à une condition vraiment sereine où tous les troubles graves tels la cupidité, l'agressivité ou l'ignorance sont définitivement éteints.
Dans « La voie des émotions de Paul Ekmen avec le Dalaï Lama », le vénérable Géshé Dorji Damdul définit le Nirvâna de la façon suivante :
(p.58)- « Le nirvâna est avant tout un état d'esprit dans lequel un individu se libère de la douleur et des natures et états insatisfaisants (samsâra). Le bouddhisme désigne l'ignorance comme la cause ultime de tous les samsâra. De toutes les ignorances, le pire est de se croire soi-même et les autres comme des entités indépendantes, et vraies plutôt que de comprendre que nous sommes tous, interdépendants et faux. On ne doit pas voir le nirvâna comme une sorte de lieu externe divin, mais comme l'état d'esprit purifié dans lequel on ne ressent aucune émotion négative.
Le nirvâna présente quatre caractéristiques : (1) un état de cessation des émotions perturbatrices pour l'esprit ; (2) une paix absolue, un état de tranquillité totale sans émotions perturbatrices ; (3) une satisfaction extrême, libre de toute forme de mécontentement ; et (4) une naissance définitive, quand l'individu ne pourra pas retomber dans un état non éveillé.

Il y a deux sortes de nirvâna : le nirvâna de la matière (hữu dư niết bàn) où les sages y accèdent lorsqu'ils sont encore en vie et le nirvâna de la non-forme (vô dư niết bàn) où les sages sont déjà trépassés.
**. Réfléchissez bien à la définition du Nirvâna que donne le Bouddha à la stance #285*

<u>Noble chemin octuple</u> (le) : #188 #192 #274(Bát-chánh-đạo)

Ce sont les huit chemins corrects ou les huit mesures pertinentes qui aident l'homme à atteindre le nirvâna. Ces chemins sont :

1- La vue correcte (Chánh tri kiến) : c'est,
Le savoir concernant la souffrance
Le savoir concernant l'origine de la souffrance
Le savoir concernant la destruction de la souffrance
Le savoir concernant le chemin qui conduit à la destruction de la souffrance.

2- La conception correcte (Chánh tư duy) : c'est,
La conception du renoncement
La conception de la non-méchanceté
La conception de la non-violence

3- La parole correcte (Chánh ngữ) : c'est,
L'abstention du mensonge
L'abstention de la médisance
L'abstention de l'injure
L'abstention de la parole oiseuse

4- L'action correcte (Chánh nghiệp) :
Ici le noble disciple, adopte une profession correcte

5- La manière de vivre correcte (Chánh-mạng) :
Ici le noble disciple évite des comportements contraires à la morale et à la décence, d'où :
Abstention de friponnerie
Abstention du meurtre
Abstention du vol
Abstention de l'amour illicite

6- L'effort correct (Chánh tinh-tấn)
Ici le moine engendre un souhait, s'évertue, actionne son énergie, stimule sa pensée et fait effort pour que les méchants mauvais karma non encore nés, ne naissent pas. Il engendre un souhait....et fait effort pour que les méchants mauvais karma déjà nés soient détruits....Il engendre un souhait... et fait effort pour que les bons karma non encore nés prennent naissance. Il engendre

un souhait...et fait effort pour que les bons karma déjà nés soient maintenus, préservés, développés, cultivés et complétés.

7- L'attention correcte (Chánh niệm)

Ici le moine demeure considérant le corps dans le corps, énergique, conscient et attentif au point de contrôler dans le monde la convoitise et la tristesse. De même il demeure considérant la sensation dans les sensations, la pensée dans les pensées et le dhamma dans les dhamma.

8- La concentration correcte (Chánh định)

Ici le moine s'étant écarté des désirs, s'étant écarté des mauvais dhamma, entre dans la première extase ou dhyana (sơ-thiền) munie d'examen, munie de jugement, issue du détachement qui est joie et bonheur. Par la suppression de l'examen et du jugement, il entre dans la deuxième extase ou deuxième dhyana (nhị-thiền) ; par le renoncement à la joie, il demeure indifférent, réfléchi, conscient ; il éprouve le bonheur dans son corps et entre dans la troisième extase ou troisième dhyana (tam-thiền). Enfin, par la destruction de la souffrance, par la suppression préalable de la joie et du chagrin, il entre dans la quatrième quatrième extase ou quatrième dhyana (tứ-thiền).

Pháp (voir Dharma) #01 #02 #277 #278 #279 #353 et Phi Pháp

Pháp n'est pas une simple pensée comme proclament certains auteurs.

Dans le bouddhisme, le mot Pháp a un sens extrêmement large. Il veut dire :

A- Phénomènes, manifestations, conjonctures, objets matériels ou êtres vivants visibles.

Il existe trois sortes de phénomènes ou manifestations.

a- Les phénomènes bienfaisants ou avantageux (thiện pháp).

b- Les phénomènes faux et erronées ou le mauvais enseignement du Bouddha (phi pháp)

c- Les phénomènes bienfaisants ou néfastes, en germination (dị-thục)

B- Le bon enseignement du Bouddha (voir Dharma)

Le bon enseignement (Pháp) ne vise que des choses parfaitement pures, non penchées d'un côté ou de l'autre, vers l'amour ou la haine tandis que le mauvais enseignement (Phi pháp) ne s'occupe que des problèmes non purs et erronés.

C- Par extension, toutes les significations englobant la bulbe de la vérité bouddhiste jusqu'à toutes les mérites que l'on puisse acquérir (ligne 4 et 5 page 99 du Tuệ Trung Thượng Sĩ Ngữ Lục de Lý Việt Dũng).

C'est pourquoi dans l'Agama sutra (Kinh A-hàm), le Bouddha a enseigné :

« Ecoutez moines ! lorsque vous découvrez la bulbe de la vérité, c'est que vous me voyez en effet. Je suis donc cette vérité, parce qu'elle est moi-même ! » (ligne 6 page 24 du Qu'est-ce la méditation de Thích Thông Huệ).

Plus loin, à la ligne 15 page 25, l'auteur explique :

« Que notre esprit, lorsqu'il s'intéresse à un phénomène précis de la nature, il s'y engouffre et ne connaît que cette matière. Tandis que lorsqu'il est serein, il retourne à sa nature qu'est une connaissance plus large, plus développée et plus vraie....C'est cette connaissance qui est en fait la vérité pure, le Bouddha en perspective.

Dans les deux premières stances :

« Parmi les phénomènes connus, la conscience est en tête... », il nous vient à l'idée que « conscience et phénomènes sont deux choses d'un même ensemble car lorsque la conscience est née, alors apparaissent toutes les phénomènes :
(Tâm sanh, các pháp đều sanh
Tâm diệt, các pháp đều diệt)

Pháp giới :#264

Salon le vocabulaire bouddhiste, (pháp giới) renferme tous les mondes visibles et invisibles qu'imagine notre connaissance de l'esprit .Il est le plus grand espace des vivants et des morts... Personne, humain ou saint, ne peut sortir de cette grande immensité .

Prise de refuge (la) : #188 #192 (Quy-y)

C'est l'équivalent de la cérémonie de baptême dans le christianisme mais dont le baptisé prend refuge dans les trois joyaux que sont : le Bouddha, le Dhamma et la Sangha (ou la communauté spirituelle) et qu'il accepte et consent à respecter les cinq premiers interdits des vœux de la Bodhicitta qui consistent à : ne pas tuer ; ne pas voler ; ne pas mentir ; ne pas s'adonner à des amours illicites ; ne pas consommer des boissons alcoolisés.
Dans le cas où le baptisé est encore mineur, ses parents lui servent de mentors certifiés.

Quatre vérités saintes (les) : #188 #217 #261 #274 #393
(Tứ Diệu Đế)

Ce sont des vérités que le Bouddha a enseigné en premier aux cinq princes dont

Kaundinya (Kiều Trần Như), envoyés dans la forêt dans le but de le surveiller. Ces observations du Bouddha sont d'une évidence telle que tous les vivants doivent les reconnaître comme vraies et qu'ils perçoivent leur redoutable attachement qui les charrie dans les courants des réincarnations. Ces vérités sont des plus importantes car elles peuvent ouvrir les yeux et l'esprit se composant de :

1- La souffrance (Khổ) : Les dhamma corporels et mentaux sont tous douleurs et n'ont pas de bonheur.

2- Les causes (Tập) : Les causes et les conditions de cette douleur sont la soif des passions (klésa).

3- La destruction (Diệt) :L'annihilation de cette douleur est automatique dans la terre pure du nirvâna.

4- Le chemin (Đạo) : Le chemin d'y aboutir, c'est le chemin.

Samâdhi : #271 #272 #365 #378 (Định-tam-muội)

Etymologiquement ce mot veut dire : fixer, attacher et qui signifie que l'esprit doit se détacher de l'excitation et de la somnolence pour se réfugier dans la paisibilité d'un endroit serein. C'est l'état de concentration parfaite, supérieure à ceux de veille, de rêve et de sommeil profond que caractérise la cessation de toute pensée. C'est une focalisation intensive de l'esprit sur le corps en général, rarement sur un seul point précis.

On distingue trois sortes de samâdhi surnaturels (lokottara) qui ont pour but respectivement : la vacuité, l'absence de caractéristiques et de désir de l'objet et l'accession au nirvâna. Les autres formes de samâdhi sont toutes considérées comme profanes, même quand elles s'accompagnent du plus profond recueillement.

<u>Sept Sambôdhyanga</u> (les) : #89 (Thất Bồ-đề phần))

Ce sont les sept moyens (ou membre-de-l'illumination) permettant toute personne à déceler les lueurs de la connaissance absolue. Ces moyens aidant à l'illumination sont :

1- L'Attention : (Niệm-giác-chi)

> *O moines, lorsqu'une attention indéfectible a surgi chez le moine,alors s'accroît le membre-de-l'illumination nommé attention qui atteindra son plein développement.*

2- Le Discernement : (Trạch-giác-chi)

> *Lorsque le moine demeurant ainsi attentif, examine, enquête et investigue cette chose au moyen de la sagesse, alors le membre-de-l'illumination nommé discernement des dhamma est inauguré en lui.*

3- L'Energie : (Tinh-tấn-giác-chi) :

> *Lorsque chez ce moine examinant, enquêtant et investiguant cette chose au moyen de la sagesse, alors le membre-de-l'illumination nommé énergie est inauguré en lui.*

4- La Joie : (Hỷ-giác-chi)

> *Lorsque chez ce moine énergique se produit une joie spirituelle, alors ce membre-de-l'illumination nommé joie est inauguré en lui.*

5- La Relaxation : (Khinh-an-giác-chi)

> *Lorsque chez ce moine à l'esprit joyeux, le corps et la pensée se relaxent, alors le membre-de-l'illumination nommé relaxation est inauguré en lui.*

6- La Concentration : (Định-giác-chi)

Lorsque chez ce moine relaxé et heureux, la pensée se concentre, alors le membre-de-l'illumination nommé concentration est inauguré en lui.

7- Le Lâcher-prise : (Xả-giác-chi)

Lorsque ce moine lâche tous les intérêts et les passions qui l'attachent à ce monde, sa pensée est ainsi libérée ; alors le membre-de-l'illumination nommé « lâcher-prise » est inauguré en lui.

Sangha : #118 #298 (Tăng)

Ce sont les adeptes du Bouddha, des personnes qui s'adonnent au bouddhisme sous l'égide d'un maître ou non, et groupés d'au moins de quatre moines et d'un mélange de sept moines et laïques. La sangha représente le dernier des trois joyaux et la vie de ses membres est déterminée par les règles du vinaya-pitaka.

Sindha : #322

Nom d'un fleuve de l'Inde.

Skandha (voir : Cinq Skandha)
Sotâpana : #45 #178 (Tu-đà-hoàn)
(Voir Anâgâmin)

Sûtra : #19 #20 (Kinh)

Ces sermons du Bouddha nous sont parvenus dans leurs versions pâlies et sanskrites, ainsi que dans leurs traductions tibétaines et chinoises.
Le sûtra de base est un texte en prose commençant par les mots : « Ainsi ai-je entendu » ; parole attribuée à Ânanda, le secrétaire du Bouddha.
Le style des sûtra est simple, populaire et montre une tendance au didactisme. Les sûtra sont riches en paraboles et en allégories.

Tà hạnh #242

Il est inexact de traduire « Tà hạnh » par « dévergondage » comme le font certains auteurs.
« Tà hạnh » est la voie des erreurs néfastes, celle qui englobe une gamme de défauts à commencer par un faible délit qu'est une conduite changeante, pour en arriver à un péché immonde qu'est un dévergondage.
A la stance 133 de la page 80, le Bouddha a bien mentionné « qu'il ne faut pas utiliser des paroles méchantes et pernicieuses envers autrui.... »
Observons maintenant le vrai sens de cette fameuse stance #242 (Contes et légendes du Dhammapada- volume 3, page 59- Viên Chiếu-publié à Saigon en l'an 2000) :
« Lors de son séjour à Veluvana, habite dans une ville avoisinante un jeune bourgeois qui se marie à une belle adolescente. Peu de temps après, la femme le trompe avec un autre homme. Croyant qu'il est indirectement responsable du délit de sa femme, il se retire de ses relations habituelles et s'enferme seul dans sa chambre. Un certain beau jour, il se rend au temple Veluvana où le Bouddha lui

demande de ses nouvelles. Après avoir raconté son histoire qu'il tient à coeur, le Bouddha lui dit :

-Depuis bien longtemps dans une de vos vies passées, je vous avais dit que les femmes sont aussi changeantes que sont les dérivations des cours d'eau ; ***ainsi toute personne intellectuelle ne devrait jamais leur en vouloir****. C'est suite à des renaissances successives qui obscurcissent votre conscience que vous avez totalement oublié mon enseignement. »*

Ainsi dans ce contexte, Tà hạnh est plutôt une conduite changeante ou une humeur inconsistante et non un soufflet (qu'est un dévergondage) fatalement donné à un être faible et sans défense.

Tathâgata : #164 #192 #273 #276 392 (Như- Lai)

Le Tathâgata est l'inertie même de tous les concepts.

Ce titre désigne un être parvenu à l'illumination suprême sur la voie de la vérité.

Un des dix titres du Bouddha qui sont :

1- *Lokanata : (Thế-Tôn)*

   Celui qui possède toutes les vertus et qui mérite de ce fait le respect des anges et des hommes.

2- *Sugata : (Thiện-Thệ)*

   Le sage (Thiện), qui retourne pour de bon vers la zone éthérée

3- *Lokavit : (Thế-gian-giải)*

   Celui qui peut expliquer tous les phénomènes visibles ou invisibles de ce monde.

4- *Tathâgata : (Như- Lai)*

   Celui qui ne vient de nulle part et qui ne se déplace vers nulle part.

5- *Samyak Sambouddhaya : (Chánh-Biến-Tri)*
Celui qui possède une connaissance absolue et qui dispose à l'enseigner aux hommes.

6- *Vidyacarana-Sampana : (Minh-Hạnh-Túc)*
Celui qui est illuminé de par le trop plein de ses vertus.

7- *Anouttara : (Vô-Thượng-Sĩ)*
Celui qui est au-dessus de tous les hommes

8- *Purusa : (Điều-Ngự)*
Celui dont la force spirituelle est au-dessus de toute imagination.

9- *Sârathi : (Trượng-Phu)*
Le respecté, celui qui a pu se démettre de tous ses troubles et de tous ses tourments.

10- *Bhagavat : (Bà-già-phạm)*
Celui qui possède la noblesse et le respect de par ses vertus.

Trâyastrim'sa (le) : #30 #95 (Trời-Đao-Lợi)

Sur le mont Sumeru ou Meru (Thiết-vi) qui est une immense montagne située au centre de l'univers selon l'ancienne représentation cosmologique indienne que sont établis les six grands paradis du Kâmadhâtu (dans la zone des passions) dont le Trâyastrim'sa dans lequel se trouvent également 33 autres plus petits paradis, réservés aux monarques moins importants.
C'est au-delà des six paradis du Kâmadhâtu que se trouvent ceux du Rûpadhâtu et de l'Ârûpyadhâtu *(voir Apramânabha)*
Ces six grands paradis sont :

1- *Le Catûrmahârajika (Tứ Thiên Vương)*
2- *Le Trâyastrim'sa (Đao Lợi) et les 33 paradis*
3- *Le Yama (Dạ Ma)*

4- Le Tusita (Đâu-Suất)
5- Le Nirmânamati (Hóa-Lạc)
6- Le Paranirmitava'sanartin (Tha-Hoá)

Trente six embranchements de l'amour sensuel : #339

L'amour sensuel se compose de trois principales ramifications :

i. L'amour de ce qui attire (kamatanha- dục ái)
ii. L'excitation normale des sens (bhavatanha-hữu ái)
iii. Les répercussions de cette excitation (vibhavatanha-phi hữu ái)

Dans l'amour sensuel, les six organes des sens se lient étroitement aux six attaches extérieures que sont la beauté, la voix, le parfum, le goût, le toucher et les éléments auxiliaires. Cela fait un total de douze éléments se liant aux trois genres d'amour cités précédemment pour en arriver aux 36 embranchements qui se relayent sans cesse pour nous incommoder et qui se collent fortement en eux-mêmes telles les molécules d'eau se liant étroitement en elles.

Vajra : #161 (Kim Cang)

C'est une arme en diamant percée d'un trou en son centre, encore appelée « le Pourfendeur », « le Destructeur », « le Rugissant »...
Le Vajra des bouddhistes a un sens différent de celui des Hindous pour lesquels il représente la foudre d'Indra. Les bouddhistes le considèrent non comme une arme, mais comme un symbole de ce qui est indestructible ; ce symbole est la dureté et la force par excellence ; il peut détruire même les pierres précieuses ; la traduction par « éclair », qui convient au contexte Hindou,

serait fausse dans un contexte bouddhiste. Dans ce dernier cas, Vajra désigne la Vraie Réalité, la Vacuité, la nature ou l'essence de tout être. De même que le diamant, la Vacuité est inaltérable, éternelle parce que non soumise au devenir ; la limpidité et la transparence immaculées du diamant symbolisent la pureté parfaite de la Vacuité, en dépit de toutes les apparences qui viennent s'y superposer.

C'est à cet aspect de la réalité que le zen fait allusion lorsqu'il dit, au vu du nombre incalculable des phénomènes : « Cela n'est pas une chose unique. » Le vide n'est pourtant pas distinct des choses ni des phénomènes. Il fait Un avec eux. Il est identique à eux, mais cette idée ne peut être conçue rationnellement. Seule l'illumination permet de la saisir intuitivement.

Vertus de la sainteté (les) : #303 (Thánh tài)

Désigne dans ce contexte les qualités que les sages observent pour atteindre la sainteté et qui se composent de : la foi, les interdits, la honte de soi-même, la honte envers autrui, l'acquisition des enseignements, le renoncement des biens et des valeurs, la connaissance absolue.

Remerciements

Mrs. Dương Ngọc Yến -------------------------------- US$.2000.00

Mrs Nghiêm Xuân Quang ------------------------------ US$.100.00

Dr. Nguyễn Dương (Đại Tá quân y) ------------------ US$.200.00

Dr. Hồ Vương Minh -------------------------------------US$.1000.00

Mrs. Helen Phi Trinh -------------------------------------US$200.00

Mrs. Ngô Kim Phụng -------------------------------------US$200.00

Mrs. Trịnh Thái Hằng ------------------------------------ US$150.00

Mrs. Ngô Diệu Minh (p.d. Diệu Âm) -------------------US$300.00

Pour leur cotisation à l'impression de ce livre.

Je remercie également toutes les personnes qui ont la bonté de côtiser à la caisse d'aide aux moines infortunés .

Pour ce, veuillez communiquer à :

Mr. Ngô Nhơn Hậu /Ms. Linh Su

P.O. Box 721001

Houston, TX 77272

USA

Email : haungo68@gmail.com